KB021107

왜, 사람중심 경영인가

도서출판 말

‖ 프롤로그 사람의 창조성, 상상력, 잠재력이 경쟁력의 원천

끝없는 경제 불황

평일에 집 근처 청계산에 가면 40대 중후반부터 50대에 이르는 사람이 많습니다. 가벼운 배낭에 물통 하나 들고 가쁜 숨을 몰아쉬며 올라갑니다. 높지 않은 산인데도 자주 쉬어갑니다. 산 입구 아웃도어 매장에서는 회사 출근복을 등산복으로 갈아입을 수 있답니다. 집에 말하지 못하고 산으로 출근하는 사람을 위해서랍니다. 시장에 가도 부인과 함께 장 보러 나온 중·장년 가장이 많습니다. 얼굴에 어두운 그늘이 있습니다. 일터에 있어야 할 사람입니다. 젊은 사람도 종종 보입니다. 조선, 중공업, 건설에서 시작된 명예퇴직이 전자, 금융 등 전 산업으로 늘어나고 있습니다. 한국 제1위 기업 삼성전자를 비롯하여 국민은행까지 대규모 감원을 하는 참혹한 상황입니다. 고위급 임원이나 부장급에서 직급과 나이를 가리지 않고 신입사원으로까지 확산되고 있습니다. 2015년 들어 실업급여 신청자 가운데 10명 중 4명이 20대와 30대라고 합니다. 이제 청년 실업 대란까지 우려됩니다.

몇 년 전부터 우리 경제는 끝없는 하강을 하고 있습니다. 우리도 일본과 같이 저성장 시대로 빠져들고 있는 건 아닌가 합니다. 수출을 중심으로 하는 세계경제가 흔들리고 있습니다. 유럽경제가 어려움에 처했습니다. 미국 또한 다르지 않습니다. 선진국의 긴축정책, 보호주의로 중국의 수출이 급격히 둔화됐습니다. 중국 시장을 믿던 한국을 비롯한 신흥국가도 덩달아 경제가 침체하고 있습니다. 세계경제의 쇠락 속에서 한국경제는 저성장의 늪에서 빠져나오지 못하고 있습니다. 저임금의 이점은 사라졌으나 이를 상쇄할 수 있는 생산성은 오르지 않고 있습니다. 우리만의 경쟁력이 사라졌습니다. 한국경제의 특성상 상당기간 침체를 벗어나기 어려워 보입니다. 경제성장을 견인했던 소비나 투자는 소득의 실질적인 증가에 기인한 게 아닙니다. 은행에서 빌린 부채로 유지한 버블 성장이었습니다. 부채로 만든 거품 성장이기에 계속 유지하지 못하면 붕괴 과정은 더 참혹할 것입니다. 자칫 비상 상황이 도래할 수도 있습니다.

기업이 위기에 빠지는 근본적 원인은 사람입니다. 물론 정치 경제적 여건이나 시장 환경의 변화가 위기를 초래하는 외적 요인은 될 수 있습니다. 그러나 핵심은 사람입니다. 예측하지 못한 것도 사람이고 대처하지 못한 것도 사람입니다. 새로운 가치를 창조하지 못한 것도 사람이고 새로운 시장을 개척하지 못한 것도 사람입니다. 새로운 혁신

기술을 개발하지 못한 것도 사람입니다. 그런데 왜 직원들에게서 위기를 극복할 방법을 찾지 않고 엉뚱한 곳에서 찾으려 합니까? 변신의 주체도 사람이고 혁신의 주체도 사람입니다. 기업을 바꾸건 뒤집어엎건 그 주체도 사람입니다. 사람을 뺀 변신이나 혁신, 위기 극복은 모두 불가능할 수밖에 없습니다. 기업의 핵심 경쟁력이고 차별적인 경쟁력인 사람에 대한 인식을 바꾸지 않으면 변신도, 혁신도, 위기 극복도, 지속 성장도 실패할 수밖에 없습니다.

사장만 모르는 사람중심 경영

직원의 떠난 마음을 되돌려야 합니다. 직원을 감동하게 해야 합니다. 직원을 감원하는 방식으로는 회복할 수 없습니다. 은행 대출을 더 늘려서 극복할 수 있는 재무구조도 아닙니다. CEO나 임원들 몇 명이 아이디어 짜낸다고 극복할 수 있는 상황도 아닙니다. 사장 혼자 뛰어서 될 상황도 아닙니다. 전 직원의 자발적인 참여가 있어야만 가능합니다. 전 직원의 열정과 헌신을 끌어낼 수 있는 새로운 경영 패러다임만이 현 경영위기에서 탈출할 수 있습니다.

시대가 바뀌었습니다. 강압적이고 독단적이고 몰아붙이기식의 일방적 지시가 통하는 세상이 아닙니다. 혼자서 다 할 수 있는 만능의 시대도 아닙니다. IT를 비롯한 컴퓨터, 인터넷 및 월드 와이드 웹(World Wide Web)과 같은 정보기술의 도입과 확산에 따라 사람의 창조적 지식이 어떤 다른 생산 요소보다 큰 부가가치를 창출하는 사회입니다. 지식과 창의력이 가치 창출의 원천이 되고 경쟁력의 원동력이 되는 사회입니다. 사람의 창조성, 상상력, 잠재력이 경쟁력의 원천인 사회가 되었습니다. 사람의 가치가 달라졌습니다. 사람은 더 이상 감원의 대상도 비용도 아닙니다. 경영의 핵심이자 위기를 극복할 수 있는 마지막 경쟁력입니다. 자본 및 기술과는 다른 차별적인 경쟁력입니다.

이제 사람중심 경영입니다. 경영위기에 몰렸던 기업들이 마지막으로 바꾼 게 경영철학입니다. 사람중심 경영으로 기업 회생뿐 아니라 지속성장이 가능한 경쟁력까지 확보했습니다. 예상했던 목표 그 이상의 성과를 냈습니다. 직원들이 스스로 내 일 같이 일합니다. 높은 도전목표를 설정합니다. 회사에서 보내는 시간을 행복해하고 즐거워합니다. 중국 정저우케이블은 사람중심 경영방식으로 바꾼 지 1년 만에 매출이 3배나 뛰었습니다. 전 직원의 정규직화를 실현한 백산주유소는 매출이 2배로 늘어났습니다. 사람을 경영의 중심에 놓고 사람을 위한 각종 여건 및 환경을 바꾼 기업들은 하나같이 급성장할 뿐 아니라 지속성장을 하고 있습니다. 의심하고 주저하기엔 시간이 없습니다.

이 책은 경영위기를 극복하고 장기적인 지속 성장을 이룰 수 있는 사람중심의 경영철학에 대한 글입니다. 경영의 핵심에 사람을 세우고, 직원의 잠재력과 상상력, 창조성을 경쟁력의 원천으로 삼아 글로벌 경쟁을 극복하는 방법입니다. 직원의 자발적이고 자율적인 열정과 헌신과 희생으로 장기적인 지속 성장을 가능하게 하는 경영방식입니다.

그러나 이 책은 이론서도 정통 경영서도 아닙니다. 해설서도 아닙니다. 20여 년간 기업에서 간부로서, 임원으로서 조직 경영을 하면서 경험한 사람중심 경영에 대한 시론이자 경영 에세이입니다. 사람중심 경영이란 무엇인지, 어떻게 사람중심 기업으로 만들 것인지, 사람중심 기업은 왜 행복하고 재밌는지에 대한 글입니다. 소규모 팀이라도 조직을 운영하는 간부부터 경영방식에 혼란을 겪고 있는 임원, CEO에 이르기까지 경영철학을 바로 세우는 데 도움이 될 것입니다. 경영위기를 맞고 있는 경영자에게 기업 회생의 길을 열어줄 것입니다.

처음엔 책을 쓸 생각을 못했습니다. HR맨파워 그룹의 윤오리 이사의 적극적인 권유가 아니었으면 나올 수 없는 책입니다. 감사드립니다. 출판하기까지 처음부터 끝까지 곁에서 조언을 아끼지 않았던 후배 임호성에게 많은 감사 드립니다. 주저하고 망설이고 힘들 때마다 포기하지 않도록 힘을 주고 용기를 주고 기쁨을 주었던 나의 아내, 우리 딸 소연이, 사랑합니다.

2016년 1월

사람중심경영연구소에서

|| 차례

제3장 차이를 만드는 경영 ___ 137

제4장 사람을 죽이는 기업 사람이 살리는 기업 ___ 203

제1장

왜, 사람중심 경영인가

회사는 직원의 행복을 위해 존재한다

"반장님 정말 죄송합니다. 하지만 내일 연차 내고 이번 주 쉬고 싶습니다."

"낼 물량을 보고도? 엿 먹어라 이기네?"

"출근하겠습니다. 반장님"

〈매일경제〉 2015년 11월 19일 자 〈무기력증 업무피로 호소하는 직원에게 "나×먹으라고?" 카톡한 상사〉에 나온 기사입니다. 23살 청년이 남긴 메시지입니다. 조선소 하청 노동자로 알려진 카톡 메시지의 주인공은 지난여름 숨졌습니다. 사인은 '업무로 인한 과로사'라고 합니다. 같은 해 9월 15일에는 L 마트 직원이 옥상에서 투신해 스스로 목숨을 끊었습니다. 매출실적에 대한 심한 압박과 잦은 사건 사고로 인한 스트레스에 시달렸다고 합니다. 다음날이 아들 돌이었습니다. 많은 노동자가 과로사, 산재, 스트레스 등으로 세상을 등집니다.

우리나라 노동자의 연간 근로시간은 2014년에 2천285시간으로 멕시코의 2천228시간을 제치고 세계 1위를 기록했습니다. OECD 평균 1천 770시간보다 515시간이나 많습니다. 멕시코에 1위 자리를 내주었다가 되찾은 기록이니, 박근혜 정부의 '치적'인가요? 평균 근로시간인 만큼 이보다 일을 더 하는 노동자도 많이 있다는 뜻입니다. 〈매일경제〉 기사에 따르면, 업무 피로가 누적돼 무기력증, 우울감에 시달리다 자살이라는 극단적 선택을 하는 '번 아웃 증후군(Burnout Syndrome)'을 경험한 직장인은 약 85퍼센트에 이른다고 합니다. 세상과의 경쟁에서 밀려나고 압박에 눌려 하루에 평균 38명이 스스로 목숨을 끊고 있습니다. 특히 20~30대 젊은 사람들이 삶을 포기하는 숫자가 늘어나고 있습니다. 우리나라는 OECD 국가 중 10년째 자살률 1위를 지키고 있습니다. 각종 산업재해로 인해 사망하는 노동자도 역시 OECD 국가 중 1위를 빼앗기지 않습니다. 2013년 기준 1천929명에 달해 매일 5명씩 목숨을 잃습니다. 최저임금 이하 근로자 비율도 OECD 국가 중 가장 많습니다. 한국사람 중에 많은 사람이 행복하지 못한 삶을 살아가고 있으며 또 그렇게 느끼고 있다는 얘기입니다.

미국 여론조사기관인 갤럽이 조사한 2015년 행복지수에 따르면, 한국인은 조사 대상 143개국 중 118위로 세계 최하위 수준입니다. 우리나라 노동자는 스스로 목숨을 끊고, 사고로 죽고, 빈곤에 시달리지만, 국민소득(GNI) 대비 기업소득 비중은 2009년부터 2013년까지 5년간 평균 25.19퍼센트로 OECD 국가 중 1위입니다. OECD 국가 평균은 18.21퍼센트로 우리나라보다 약 7퍼센트나 낮습니다. 재벌과 기업은 갈수록 돈을 벌어 부를 축적하는데 경제주체인 노동자를 비롯한 국민은 상대적 빈곤에 더 시달리고 있다는 뜻입니다.

한국은 2011년에 세계에서 9번째로 무역 1조 달러를 달성했습니다. 2015년 1인당 국민소득은 2만7천6백 달러였습니다. 1인당 GDP도 2만8천338달러로 세계 28위의 선진국입니다. 경제규모와 국민의 살림살이는 선진국 대열에 합류했습니다. 그러나 스위스 국제경영개발

원(IMD)이 조사한 2015년 〈세계인재보고서〉에 따르면, 우리나라 국민의 '삶의 질'은 세계 40위이고 '생계비용 지수'는 무려 56위입니다. 한국은 임금은 낮은 반면, 생계비는 턱없이 많이 들어 살기 어려운 나라입니다. 게다가 경영진 순위는 44위입니다. 무능한 경영진의 터무니없는 지시를 견뎌내려니 '직장 내 동기부여'는 61개국 중 54위로 최하위 수준입니다. 노동의욕을 불러일으킬 만한 요소가 거의 없다는 의미입니다. 직업 안정성, 회사 정책, 근로조건, 임금 등에 있어 노동자의 만족도가 최하위라는 것입니다.

'번아웃 증후군' 같은 증상이 나타날 수밖에 없는 현실입니다. 겉모습은 선진국 옷을 걸쳤을지 모르지만 우리 직장인들은 세계 최장의 노동시간과 만성피로에 시달립니다. 수면장애, 두통, 각종 통증, 집중력 및 기억력 감퇴, 소화 장애 등으로 고통 받다 심한 경우 생을 마감합니다. 우리 노동자는 화려함을 떠받치는 그늘 뒤에서 어두운 죽음의 그림자를 안고 살아갑니다. 우리에게 직장은 어떤 존재이기에 죽음의 전쟁터로 됐는지 질문을 던질 때가 됐습니다.

우리에게 직장은 어떤 곳인가?

우리에게 직장은 어떤 곳일까요? 건강했던 직원을 죽음으로 몰고 가는 기업은 무엇을 위해 존재할까요? 사장은 당연히 자신의 꿈을 실현하기 위해, 또는 돈을 벌기 위해 존재한다고 할 것입니다. "내가 어떻게 해서 세운 회사인데" 합니다. 사장한테 직원은 생산을 위한 소모품이며, 사장이 주는 월급으로 생활하는 사람입니다. 직원들은 자신과 가족의 안정된 생활을 보장하기 위해 회사가 존재한다고 말할 것입니다. 직원들이 일해서 사장이 돈도 벌고 회사도 유지할 수 있다고 합니다. 보는 시각과 관점이 서로 다릅니다. 공무원은 좀 더 거창한 말로 국가발전을 위해서 기업이 존재한다고 할지 모릅니다. 경영학자나 경영학 교과서는 '이윤추구'와 '주주이익의 극대화'를 위해 존재한다고 합니다. 내가 보았던 어떤 경영학 교과서도 다르지 않았습니다. 그만큼 기업은 이윤추구를 위해 존재합니다. 물론 이익이 없으면 회사가 아닙니다. 이윤이 나지 않으면 회사는 존재할 수 없습니다. 처음에 잘 나가던 기업도 몇 년간 적자에 시달리면 더 이상 버티지 못하고 문을 닫습니다. 중소기업은 물론이고 대기업도 예외는 아닙니다.

산업시대의 제품 중심이나 이윤 중심 경영에서는 노동자도, 기술도, 자본도 모두 제품을 만들기 위해 존재하는 생산요소입니다. 노동자는 비록 사람이지만 여기서는 제품을 만들기 위한 생산요소일 뿐입니다. 노동자의 인격을 존중하거나 배려하는 마음은 눈 씻고 봐도 없습니다. 노동자는 단순히 생산을 위해 존재하는 소모품일 뿐입니다. 직원이 일하다 다쳤을 때도 마음 아파하기보다 산재보험금을 더 많이 내게 될까봐 걱정입니다. 사장에게 노동자는 기계의 부속품 같은 존재일 뿐입니다. 노동자가 다치면 다른 노동자로 대체하면 됩니다. 사장에게 있어 노동자의 만성피로나 고통, 심지어는 죽음조차도 중요하지 않습니다.

'이윤추구'와 '주주이익 극대화'가 기업이 존재하는 이유이자 목적인 한 기업은 돈을 벌기 위해 수단 방법을 가리지 않습니다. 노동자들에게 정당한 급료를 지급하지 않는 것은 기본이고 노동자의 죽음조차도 귀찮은 일일 뿐입니다. 유통기한이 지난 식자재나 불량 원자재를 사용합니다. 사재기를 합니다. 경쟁하는 작은 회사를 파산시킵니다. 유통경로를 장악하기도 합니다. 많은 부당한 방법을 기업의 이윤추구 활동이라는 이름으로 정당화하거나 묵인합니다.

PR 전문기업 에델만이 조사한 '2013년 에델만 신뢰도 지표조사 결과'에 따르면, 기업신뢰도에서 한국은 조사대상 26개 국가 중 31퍼센트로 최하위를 기록했습니다. 신흥국(70퍼센트), 선진국(55퍼센트)에 비해서도 현저하게 낮았습니다. 신뢰도 저하 요인으로 부정부패와 사기행위, 투명성 등을 꼽았습니다. 우리는 TV 뉴스나 언론지상에서 많은 기업이 더 많은 이윤을 얻기 위해 불법적이고 부당한 거래를 하다 적발되었다는 기사를 봅니다. 하지만 구속되었다가도 무슨 이유에서인지 얼마 안 살고 다시 나오는 사장을 또한 많이 보았습니다. 경제사범은 사면도 잘 됩니다. 정부는 2015년 8월 15일 광복절 특사로 SK 회장을 비롯하여 많은 경제사범을 사면하였습니다. 유전무죄, 무전유죄라고 할까요?

유전무죄, 무전유죄

유전무죄, 무전유죄 하면 떠오르는 사건이 있습니다. 다시 기억하고 싶지 않은 끔찍한 사건이지요. 1988년 10월 16일, 서울 북가좌동에 있는 한 가정집에서 4명의 탈주범이 한 가족을 인질로 삼았습니다. 경찰과 대치하던 범인들은 10시간 만에 자살 및 사살되거나 검거되었습니다. 당시 TV에서 인질극을 생중계했기 때문에 많은 사람이 기억합니다. 범인들은 돈이나 권력을 가진 자들보다 자신들의 형량이 너무 과하다며 탈주를 감행했습니다. 자신은 556만 원의 단순절도범인데도 징역 7년, 보호감옥 10년 등 총 17년의 형량을 받았는데, 전두환 전 대통령의 동생인 전경환은 73억 원을 횡령하고도 징역 7년에 벌금 22억 원, 추징금 9억 원에 불과하다는 것입니다. 이들 중 지강헌이라는 자가 경찰에 의해 사살되기 전에 창문 틈 사이로 '유전무죄, 무전유죄(돈 있으면 죄가 없고 돈 없으면 죄가 있다)'를 외쳤습니다. 이 말은 이후 우리 사회에서 유행어가 되었습니다.

정당한 방법으로는 월급을 평생 모아도 집 한 채 사기 힘든 게 우리 현실입니다. 청년들은 어떤 희망을 품을 수 있으며, 어떤 미래를 꿈꿀 수 있을까요? 이윤추구라는 목적으로 정당화되거나 묵인되는 기업의 많은 부당한 활동을 보며 어떤 생각을 할까요? 분노하기도 하고 없는 자의 설움으로 체념하며 소주 한 잔으로 분을 삭이기도 하겠죠.

우리나라의 많은 재벌 기업가 중에는 정당한 방법과 절차를 거쳐 부를 축적한 경우는 그리 많지 않습니다. 과거 일제강점기에 친일을 하거나 해방 후 일본재산 불하 과정에서 부당하게 취득한 사람이 많습니다. 1960년대부터 시작한 경제개발 시대에 정부의 비호와 특혜 및 노동자의 저임금을 통해 많은 부를 축적한 기업가가 대부분입니다. 1960~1980년대 산업시대에는 생산과정이 단순했습니다. 수많은 노동자를 저임금으로 고용했습니다. 자본과 기술이 부족한 상황에서 노동자의 저임금과 장시간 노동으로 생산단가를 낮추었습니다. 저임금 노동력을 기반으로 이윤을 만드는 게 가능했습니다.

사람이 경쟁력인 시대로 바뀌다

그러나 시대가 많이 바뀌었습니다. 정보통신기술의 급격한 발달로 IT기술과 관련 산업이 큰 패러다임으로 되었습니다. 엄청난 양의 정보가 쌓이고 SNS를 통해 전 세계 사람이 서로 소통할 수 있게 되었습니다. 일주일이 멀다고 신기술이 쏟아져 나오는 세상이 되었습니다. 한 사람의 잠재력과 상상력, 창조성이 수만 명을 먹여 살리는 시대가 되었습니다. 제품의 속성이나 품질보다 소비를 통해 얻는 쾌감, 흥미, 과시, 경험, 디자인을 위해 물건을 구매하는 감성시대가 되었습니다. 노동력으로 표현되는 사람은 더 이상 생산요소가 아닙니다. 주주이익을 극대화하기 위한 비용절감의 대상도 아닙니다. 사람이 경쟁력의 핵심적인 원천으로 되었습니다. 사람이 가지고 있는 잠재력과 창의력을 계발하며, 사람의 열정과 헌신을 바탕으로 치열한 경쟁 환경을 극복하게 되었습니다. 직원들의 직장 생활 만족도와 삶의 질을 높이는 게 기업의 목적이 되었습니다.

기업이 존재하는 이유는 이윤추구나 주주이익 극대화가 아니라 직원의 행복추구입니다. 이를 위해 고용 안정을 통한 신뢰관계 형성, 의사결정에의 참여, 직원의 역량을 높이기 위한 투자, 자율적인 근무환경 등의 여건을 조성해야 합니다. 이윤추구를 목적으로 하는 기업과 직원의 행복을 추구하는 기업의 성과를 비교하면 어떤 기업이 더 나을까요? 아마도 이윤추구를 목적으로 하는 기업은 노동자의 임금을 적게 줄 것이며, 근무여건 개선을 위한 투자도 소홀히 할 것입니다. 반면, 직원의 행복을 추구하는 회사는 노동자 임금이 더 높을 것이며, 직원을 위한 각종 투자도 더 많을 것입니다. 따라서 비용 측면만을 따진다면 이윤추구를 목적으로 하는 기업의 경영성과가 당연히 더 좋을 것으로 예상됩니다.

그러나 결과는 그 반대입니다. 노동자는 기계가 아니라 사람이기 때문입니다. 직원들의 임금을 타사보다 더 높게 주고 각종 근무여건을 개선하여 일하기 좋은 기업으로 선정된 기업은 그렇지 않은 기업에 비해 높은 성과를 올립니다. 미국에서 '일하기 좋은 100대 기업'은 그렇지 않은 기업에 비해 주가 수익률이 세배 정도 높았습니다.

오래전에 일간지 한 면 전체에 어떤 여행사를 소개하는 기사가 실렸습니다. 그 여행사의 매출은 매년 급성장하며 시장을 확대해 나갔습니다. 이유를 묻는 기자의 질문에 여행사 사장은 자신은 특별히 한 게 없다며 웃었습니다. 별난 마케팅을 한 것도 아니고 유능한 직원을 영입한 것도 아니고 엄청난 돈을 투자한 것도 아니랍니다. 세계적인 컨설팅회사한테 특별한 컨설팅을 받은 것도 아니랍니다. 다만, 매년 모든 직원에게 제주도 여행을 보내주고, 몇 년에 한 번씩 해외여행을 보내주는 것뿐이었다고 합니다. 사람이 목적으로 존중되고 대우받을 때와 수단으로 취급될 때 기업의 성과는 엄청난 차이가 납니다.

물론 산업사회에서 기업이 존재하는 이유는 '이윤추구'이며, 지식기반 사회에서는 '직원의 행복'인 것은 아닙니다. 산업사회에서도 기업이 존재하는 이유는 직원의 행복추구입니다. 1957년 일본 '교세라'를 창업하여 세계적인 기업으로 키운 경영자가 있습니다. 이 분은 거의 불가능에 가까웠던 JAL을 3년 만에 회생시켜 경영의 신으로 불리는 이나모리 가즈오 회장입니다. 이나모리 가즈오 회장은 일찍 기업이 존재하는 이유는 직원의 행복추구라는 것을 깨달았습니다. 교세라를 창업한 지 2년째에 고졸 사원 11명이 갑자기 단체교섭을 요구했습니다. 급여 인상과 성과급 보장을 요구하며 받아들이지 않으면 회사를 그만두겠다고 압박했습니다. 이나모리 가즈오 회장은 기업을 자신의 꿈을 펼치는 무대로 생각했습니다. 그러나 직원들은 회사가 자신들의 생활을 보장해주기 바랐던 것입니다. 이나모리 가즈오 회장은 회사는 무엇을 위해 존재하는지에 대해 며칠 동안 고민했습니다. 결국 회사는 자신의 꿈을 이루기 위해 존재하는 게 아니라 직원과 그들의 가족을 지켜주기 위해 존재해야 한다는 사실을 깨달았습니다. 이후 이나모리 가즈오 회장은 '전 직원의 행복을 추구하며, 인류와 사회의 진보 및 발전에 공헌'하는 것을 교세라의 경영이념으로 삼았습니다(《이익이 없으면 회사가 아니다》, 이나모리 가즈오, 서돌출판사). 직원의 행복추구를 기업의 목적으로 세우고 회사를 경영해 온 이나모리 가즈오 회장의 교세라는 직원들의 헌신과 열정으로 성장을 거듭할 수 있었습니다.

기업의 목적은 직원의 행복

교세라가 장기적인 지속성장을 할 수 있었던 경쟁력은 무엇일까요? 바로 '직원의 행복'이었습니다. 사람은 행복할 때 더 도전의식을 갖습니다. 뭔가 더 나은 삶을 위해 투자를 하며 열정을 쏟게 됩니다. '말 타면 종 부리고 싶다'는 우리 속담이 있습니다. 사람의 욕심은 끝이 없다는 좋지 않은 의미로 해석합니다. 그러나 뒤집어 보면 더 나은 삶을 위해 종을 구하거나, 종을 구하기 위해 노력하고 도전한다는 의미입니다. 조직경쟁력의 원천인 자발적인 열정과 헌신은 직원이 행복할 때 촉진된다는 게 심리학자들의 견해입니다.

중국의 반도체 생산업체인 구더전자는 중국 1위와 세계 16위의 상장업체입니다. 구더전자 우넨보 회장은 "직원의 행복과 고객감동에 최고 가치를 둔다."고 합니다. "소가족인 가정이 잘되야 대가족인 회사도 잘된다."고 합니다. 또한 "남을 위하는 마음이 있어야 나도 잘 된다."며 이타주의를 강조합니다. 구더전자는 여직원이 임신하면 관련 교육을 합니다. 출산을 하면 2년간 육아휴직을 주며 매월 육아비용을 지원합니다. 창업 이래 한 번도 경영사정을 이유로 감원한 적이 없다고 합니다. 직원을 기업이라는 대가정의 가족이라고 생각하기 때문입니다. 회사가 힘들면 같이 난관을 뚫기 위해 노력하고, 임원 연봉을 깎아 직원 월급을 준다고 합니다. 우넨보 회장은 행복기업을 구현하려면 직원들에게 성현의 가르침을 깨우치도록 하는 게 중요하다고 강조합니다. 구더전자는 2012년 성현교육을 시작한 이래 직원의 생산성이 100퍼센트 향상되었습니다. 불량률도 5퍼센트에서 1퍼센트로 낮아졌습니다. 회사의 시가총액도 2013년 40퍼센트, 2014년 60퍼센트씩 늘어났습니다. 우넨보 회장은 "생산성 제고는 교육에 따른 자연스러운 결과일 뿐이다. 회사가 직원을 진심으로 가족처럼 대하면 직원이 행복해지고 스스로 열심히 일한다."고 합니다. 우넨보 회장은 회사 화장실을 직접 청소하는 등 솔선수범하는 CEO로 알려져 있습니다(《한겨레》, 2015. 10. 30 일자, 17면).

중소기업 비씨월드제약은 '직원과 가족의 행복을 최우선'으로 하는 기업입니다. 2006년 기존의 극동제약을 인수한 홍성한 사장은 2007년 비씨월드제약으로 사명을 변경합니다. 홍성한 사장은 극동제약을 인수하면서 운전기사를 제외한 단 한 명의 직원도 데려오지 않았습니다. 극동제약 조직에도 전혀 손을 대지 않았습니다. 기존 조직을 존중했습니다. '직원의 행복을 최우선'으로 하는 경영철학을 갖고 있던 홍 사장은 2년 만에 회사 분위기를 완전히 바꾸었습니다.

홍 사장은 "회사를 운영하면서 가장 중점을 두는 부분은 직원의 행복이다. 직원이나 그 가족이 행복하면 회사가 잘 될 수밖에 없다는 신념을 항상 명심하고 있다."고 합니다. 직원이 회사에서 자신의 꿈을 펼칠 수 있도록 직장 문화를 조성하는 데 중점을 둡니다. 늘 직원과 대화하고 직원의 고민을 공유함으로써 직장을 집안처럼 편안하게 만듭니다. 직원의 잠재력을 끌어내기 위해 직원에게 한 번 일을 맡기면 끝까지 믿는다고 합니다(《데일리팜》, 2009. 1. 23). 비씨월드제약은 2007년에 140억 원 매출에서 2008년 250억 원, 2014년 357억 원의 매출성장을 보였습니다. 2014년에는 상장도 하고 2015년에는 미국 아콘사와 전립선암 주사제를 독점 공급하는 계약을 맺는 성과도 올렸습니다. 홍 사장은 "위기가 닥쳤을 때 직원으로부터 혁신적인 아이디어도 나오고 어떠한 위기도 극복할 힘을 키울 수 있다."고 합니다.

일본 (주)교리츠이화학연구소가 있습니다. 1952년에 설립하여 종업원 52명, 독일·미국·한국·스웨덴 등 전 세계 10여 개 국에 물의 경도를 측정하는 '팩 테스트'를 대표제품으로 수출합니다. 일본 내 수질 측정 분야 시장점유율 90퍼센트 이상인 강소기업입니다. 대학에서 기계공학을 전공한 오카우치 회장은 일반 회사에 다니다가 1973년에 장인이 세운 이 회사에 취직했습니다. 1982년 장인이 작고한 뒤부터 대표를 맡아 30년 넘게 회사를 운영하고 있습니다. 오카우치 회장은 "종업원을 먹여 살리기 위해 회사를 경영하다 보니 오직 한 길만 가게 됐고, 끊임없는 기술개발 덕에 지금은 수질 측정 분야에서 강소기업이 됐다."고 합니다. 오카우치 회장은 "경영자는 종업원이 안정적인 생활을 유지할 수 있도록 책임을 지는 노력이 필요하다. 회사는 종업원과 함께 커야 한다. 그러기 위해선 경영자가 이익을 내는 회사를 만드는 것이 중요하다."고 합니다. "경영자는 종업원을 배신해선 안 된다."고 강조합니다(《파이낸셜뉴스》, 2015. 11. 24).

직원이 행복하면 회사가 달라진다

몸과 마음은 늘 신호를 주고받는다고 합니다. 몸은 생각에 영향을 미치고 생각은 행동에 영향을 미칩니다. 몸이 지치면 마음도 지치고 허약해집니다. 마음이 지치면 몸에 병이 듭니다. 몸이 편하고 에너지가 충만하면 마음도 긍정적으로 됩니다. 직원은 삶이 행복하면 마음이 평온하고 여유롭고 넉넉해집니다. 자신을 행복하게 해주는 회사를 위해 진심으로 정성을 다 합니다. 업무에 열정적이고 헌신할 수 있는 긍정적인 마음을 갖습니다. 그러나 경영자 대부분은 그것을 깨닫지 못합니다. 자본과 기술이 부족한 산업시대에서는 저임금과 노동 감시, 노동 통제를 통해서도 이윤추구가 가능했기 때문입니다. 간절하거나 절실하지 않으면 쉽게 깨달을 수 있는 게 아닙니다.

달라져야 합니다. 오늘 같은 감성시대에도 저임금과 노동 통제를 바탕으로 경영하는 기업은 장기적인 경기불황과 겹쳐 어려움을 겪고 있습니다. 많은 기업이 경영위기에 힘들어 합니다. 온갖 부당한 방법으로 기업을 운영하며 저임금으로 노동자를 통제했던 기업은 어려움에 처해 있습니다. 중소기업을 비롯해 대기업도 폐업하거나 명맥만을 유지하며 유례없이 힘든 시기를 보냅니다. 공장에서 제품을 생산하면 뭐합니까? 팔리지 않는데 말입니다. 해결의 실마리는 노동자한테 있는데, 노동자를 무시하고 외면하는데 불황을 극복할 수 있는 아이디어가 나오겠습니까? 회사를 위해 헌신과 희생을 하겠습니까? 사장을 비롯한 경영자 몇 명으로는 경영위기를 극복할 수 없습니다. 직원들이 혼신의 힘을 다해 일에 몰입하고, 회사를 자신의 목숨처럼 여길 때 위기를 극복할 수 있습니다.

세계적 제약 회사인 머크사의 조지 윌리엄 머크 회장은 "의약품이란 돈을 벌기 위한 게 아니라 환자를 고통에서 벗어나게 하기 위한 것이다. 결과적으로 고객들이 우리를 좋아하고 제품이 잘 팔리면 회사에도 이익이 된다."고 합니다. 월마트의 창업자인 샘 월튼은 "직원이 행복하면 고객도 행복하다. 직원이 고객을 잘 대하면 고객은 다시 찾아 올 것이고 바로 이것이 사업 수익의 원천이 된다."고 합니다. BMC 소프트웨어의 CEO이었던 맥스 왓슨은 "직원들이 고객의 가치를 결정할 것이며 고객의 가치는 주주의 가치를 결정할 것이다. 따라서 조직에서 중요한 위치에 있는 개인은 우리의 사업 성공에 매우 중요하다."고 합니다.

2013년 7월 8일 자 〈파이낸셜 타임즈〉 기사에 따르면, 주주이익에 초점을 맞춰온 영국 경영학 MBA 과정이 흔들리고 있답니다. 즉, 주주의 이익가치라는 단기적 목표에 초점을 맞추면 사회를 위해서도 좋지 않고 궁극적으로는 사업성과도 좋지 않다는 인식이 퍼지고 있답니다. 직원의 행복을 위해 기업을 경영하면 기업도 살고 경영자들도 존경받습니다. 그러나 자신의 이익만을 위해 경영하면 기업은 오래가지 못할 것입니다.

사람중심 기업경영, 특별한 거 아니다

작금의 우리 사회를 한마디로 표현한다면 '비정상이 정상으로 추종되는 사회'입니다. 비정상적인 행태와 현상들이 정상적인 모습으로 인정받고 용인되고 추종되는 사회입니다. 자신의 성공을 위해서는 수단과 방법을 가리지 않습니다. 나쁜 짓을 저지르며 타인을 이용하고 거짓말을 일삼지만 전혀 양심의 가책을 받지 않습니다. 이런 사람이 성공하고 인정받고 추종되는 사회입니다. 아니 이런 사람을 부추기고 이런 사람을 존중하고 이런 사람이 추앙받는 사회입니다. 자신의 성공을 위해서는 비도덕적인 행동은 물론 험담과 음해로 경쟁자를 몰아냅니다. 윗사람한테는 갖은 아부와 아양을 떨면서도 부하직원은 종 부리듯 합니다. 불법, 탈법도 거리낌 없이 자행하지만 양심의 가책을 느끼지 않습니다. 자신을 잘 위장하며 감정조절도 뛰어납니다. 매우 계산적입니다. 다른 사람을 자신의 성공을 위한 수단쯤으로 여깁니다. 잘못이 발각되면 거짓으로 후회하고 반성하거나 동정심을 호소하면서 자신의 순진함을 강조합니다. 문제는 이런 사람이 승진하고 높은 자리를 차지하며 성공 모델로 장려되고 있다는 것입니다. 우리 사회의 심각한 병폐이며, 이 사회가 몰락의 나락으로 떨어지고 있다는 것을 보여주는 예입니다.

방송사의 드라마에서도 이런 인물을 많이 묘사합니다. 몇 년 전에 방영했던 〈하얀거탑〉(MBC)에서 권력과 야망을 좇던 장준혁 역(김명민)이나 법조 드라마인 〈개과천선〉(MBC)의 로펌 대표인 차영우 역(김상중)과 김석주 역(김명민)이 그렇습니다. 〈추적자〉(SBS)에서 배우 김상중이 연기했던 '강동윤'역도 그렇습니다. 평소에는 관대한 모습을 보이다가 성공을 위해서는 비도덕적인 행동, 심지어 살인도 스스럼없이 저지릅니다. 하지만 자신의 행동을 합리화시킵니다. 후회나 죄책감을 느끼지 않습니다. 물론 드라마에선 이런 사람이 결국엔 몰락하거나 바뀌는 모습으로 결론을 냅니다. 진실과 정의가 승리하는 모습으로 그립니다.

권력과 야망을 좇는 사회

그러나 현실은 그렇지 않습니다. 권력과 야망을 좇으며 갖은 부도덕한 행동을 일삼는 사람이 승승장구합니다. 언론과 방송은 이런 사람을 성공모델로 소개합니다. 한동안 여러 사람 입에는 씁쓰름한 농담이 유행했습니다. "장관이 되려면 세 가지 부정비리를 저질러야 한다."는 것입니다. 신체상의 결함으로 군대에 가지 않아야 하고, 자식 교육을 위해 위장전입을 해야 하고, 부동산 투기를 해야 한다는 것입니다. 대부분의 국민은 대상에서 제외됩니다. 위 세 가지를 모두 위반한 사람은 극히 적은 수에 불과합니다. 권력이나 돈을 거머쥔 사람만이 가능합니다. 그런데 유독 장관 등 고위공직자 후보에 오른 사람 중에는 세 가지 모두를 갖춘 사람이 많습니다. 사회적 여론이 비등하지만 대부분 임명장을 받아 직무를 수행했거나 하고 있습니다. 진실과 정의는 권력자들과는 거리가 너무 멉니다.

기업도 다르지 않습니다. 며칠 전에 인터넷에서 데이터를 찾다 현재 모그룹 대기업 사장으로 있는 H 씨의 근황 사진을 보았습니다. 소위 요즘 '잘 나가는 사람'입니다. 지난번 회사에서 부정비리를 했고 도의에 어긋난 행동으로 CEO의 눈 밖에 났던 사람입니다. 정치권력의 시류에 따라 출생지를 수시로 바꿨던 사람인데 성공모델로 소개한 기사였습니다. CEO는 회사에 이익을 만들어 줄 수 있는 사람, 목표 달성을 할 수 있는 사람을 간부로, 임원으로 임명하고 승진시킵니다. 그 사람이 직원들을 어떻게 대우하건, 어떻게 관리하건 그건 중요하지도 않고 관심도 없습니다. CEO가 알고 있는 목표 달성 방법은 과거 방식 그대로입니다. 직원을 가혹하게 부리는 방식입니다. 쉬는 시간도 아까워합니다. 숨이 턱 밑까지 차도 잠시의 한눈도 팔 수 없습니다. 관리자의 명령과 지시대로 움직이는 로봇 같은 직원입니다, 오직 회사만을 위하고 회사만을 위해 일하는 직원을 원합니다. 부당한 대우에 대해서 항의도 하지 않습니다. 감정도 감성도 없는 일하는 기계 같은 직원만이 목표를 달성할 수 있다고 생각합니다. 이런 직원이기를 요구하고 강요합니다. 직원을 혹독하게 관리하여 목표를 달성하는 간부나 임원을 선호합니다. 그리고 이런 사람이 승진됩니다.

그러나 많은 CEO나 임원은 위기를 극복하고, 목표를 달성하고, 장기적으로 지속성장을 할 수 있게 하는 다른 경영방법이 있다는 걸 모릅니다. 직원을 항상 감시하지 않아도 됩니다. 가혹하게 부리지 않아도 됩니다. 다른 기업보다 월급을 더 줘도 됩니다. 쉼이 있고 여유가 있습니다. 누가 뭐라고 하지 않아도 직원이 내일같이 정성을 다합니다. 열정적으로 일합니다. 직원이 회사 생활을 즐거워하고 행복해합니다. 바로 사람중심 경영입니다. 사람중심 경영이라고 해서 뭐 특별한 건 아닙니다. 최근에 새롭게 등장한 이론도 아닙니다. 요즘 같은 지식기반 사회에서 등장한 이론도 아닙니다. 과거에도 마음 좋은 사장은 직원을 가족같이 대우했고 직원과 함께 회사를 이끌어 나갔습니다. 직원들도 밤낮 가리지 않고 내일같이 헌신을 다 했습니다. 다만, 시대가 달라지고 경영환경이 바뀌면서 더 중요해졌다는 것입니다. 이제는 사람중심 기업경영을 하지 않고서는 어려운 환경을 극복하기 어렵다는 것입니다.

사람이 경쟁력

1980년대 전까지 산업시대에는 자본, 기술, 노동이라는 생산의 3요소 중 자본은 절대적으로 부족했습니다. 자본시장이 개방되지 않아 어디서 돈 빌리기도 힘들었습니다. 기술 개발 속도는 늦었습니다. 자본과 기술이 거의 고정된 터라 노동생산성을 높이기 위해서는 가변적인 노동력을 잘 활용하는 방법밖에는 없었습니다. 노동강도를 높이거나 노동시간을 연장합니다. 우리나라가 OECD는 물론이고 세계에서 노동시간이 가장 길었고 지금도 그렇다는 것을 기억할 겁니다. 산업시대의 경영이란 노동자를 잘 관리해서 노동생산성을 높이는 방법이었습니다. 노동자를 잘 감시하고 통제해서 근무시간 중에 딴청 피우지 못하게 하고 연장근로, 야간근로 등을 강제합니다. 열악한 근무환경에서 저임금과 장시간노동을 가능케 하는 것이 경영의 핵심이었습니다. 당시는 강압적이고 권위적이고 독선적인 경영자가 좋은 성과를 냈습니다. 우수한 리더의 표상이었습니다.

학문으로서의 경영학에서도 기업경영의 목적은 이윤추구였습니다. 투입과 산출을 고려하는 효율성과 전체적인 성과를 의미하는 효과성이 경영학의 대표되는 두 지표였습니다. 경영학의 원조라고 하는 테일러 시스템, 포드시스템 모두 노동시간을 잘 관리하는 게 핵심이었습니다. 이후 막스 베버의 관료제론, 맥그리거의 X이론, 그리고 현대경영이론이라고 하는 시스템이론 및 상황적합이론 역시 크게 다르지 않았습니다. 1981년 캘리포니아 대학의 오우치 교수는 'Z이론(Z-theory)'을 개발했습니다. 오우치 교수는 전후 일본기업의 빠른 성장 뒤에는 집단적 의사결정, 장기적 평가와 승진, 직원에 대한 전반적인 관심이 있었다는 사실을 깨달았습니다. Ford, GM, HP, Intel 등과 같은 기업들은 Z이론을 경영방식으로 채택함으로써 한때 성공을 경험했습니다.

1990년대를 전후로 해서 한편에서는 시장이 개방되었습니다. 다른 한편에서는 인터넷이 급속히 확산되었으며, IT기술이 빠른 속도로 발전하였습니다. 금융시장이 개방되어 자본은 더 이상 부족하지 않습니다. 필요하면 언제든지 어렵지 않게 조달할 수 있습니다. IT의 발전으로 일주일이 멀다하고 신기술이 개발되고 새로운 상품이 쏟아져 나왔습니다. IT산업이 전체 산업의 큰 부분을 차지하고 굴뚝산업조차 IT산업과 접목되면서 전 산업의 IT화가 진행되었습니다. 자본과 기술은 더 이상 고정된 생산요소가 아니었습니다.

인터넷이 급속하게 확산되면서 엄청난 양의 정보가 쌓였습니다. 인터넷을 통해 지구 끝에 있는 사람끼리도 교류와 소통이 이뤄지는 사회가 되었습니다. IT를 중심으로 하는 지식정보화 사회, 사람이 경쟁력의 핵심인 지식기반 사회로 패러다임이 바뀌었습니다.

소비자의 소비와 구매행태도 달라졌습니다. 과거에는 제품의 속성과 품질을 꼼꼼히 따져보고 구매를 결정했습니다. 요즘은 다릅니다. 소비를 통해 얻는 쾌락, 흥미, 체험, 과시, 품위, 상징 등 느끼고 경험하고 쾌감을 찾는 감성소비로 바뀌었습니다. 산업시대에는 여러 기능을 갖춘 좋은 품질의 제품을 만들면 됐습니다. 이제는 사람의 감성적 디자인, 감성적 상상력, 감성적 아이디어가 중요합니다. 그러나 사람의 자율성이 억제되고 통제되고 감시받는 경영 환경에선 감성적 상상력을 발휘할 수 없습니다.

경영에 사람을 묻다

산업에서 사람이 차지하는 위상과 위치도 달라졌습니다. 대체가 가능한 생산요소로서의 노동력 제공자였던 사람, 비용관점에서 쉽게 감원의 대상이었던 사람이 기업경영의 목적으로 되었습니다. 사람이 경쟁력의 원천으로 되었습니다. 사람이 가진 잠재력, 상상력, 창의력이 경쟁력의 핵심이 되었습니다. 사람이 경쟁력이고 사람의 잠재역량이 경쟁력의 핵심으로 되었습니다. 따라서 기업 입장에선 직원의 행복을 추구하고 직원의 삶의 질을 높이는 게 기업 경쟁력을 강화하기 위한 하나의 목적으로 되었습니다.

사람중심 경영이란 사람이 기업경영의 중심이고 목적이라는 것입니다. 사람중심 경영이란 1990년대 시장개방과 IT 기술혁명에 따른 지식기반 경제로의 전환이라는 환경변화에 따라 사람(조직구성원)의 행복을 추구하는 경영입니다. 사람의 지적이고 정서적인 잠재역량, 창조성을 경쟁력의 원천으로 삼아 기업을 경영하는 것을 의미합니다. 당근과 채찍으로 직원의 생산성을 높이는 방식이 아닙니다. 조직에 대한 애정과 열정을 불러일으켜 경쟁력으로 만듭니다. 회사 일을 내일 같이 생각하고 헌신하기에 조직의 성과도 높을 수밖에 없습니다. 경영의 구루 피터 드러커는 인간중심 경영을 강조했습니다. 피터 드러커의 경영 사상의 핵심은 "기업 성공의 열쇠는 헌신적인 종업원"이라고 말할 수 있습니다. 직원을 원가개념이 아닌 자원으로 봅니다. 직원이 성과를 올릴 수 있는 환경을 만들면 회사는 번창하게 돼 있다고 합니다. 연세대 양혁승 교수는 〈사람중심경영 실현방안에 관한 연구〉에서 "사람중심 경영은 직원들의 잠재역량과 일에 대한 열정, 조직에 대한 헌신을 극대화함으로써 그들을 핵심역량으로 삼아 기업의 경쟁력을 높임과 동시에 직장생활 만족도와 삶의 질을 높이고 더 나아가 사회적으로는 지속적인 경제성장과 고용창출에 기여할 수 있다는 인사경영 방식이다."라고 설명합니다.

사람중심 경영을 실현하기 위해서는 우선 CEO가 사람중심의 경영철학을 실현하겠다는 강력한 의지를 보여야 합니다. CEO가 사람중심 경영의 중심에 서 있지 않으면 많은 한계와 제한이 따르게 됩니다.

미국 남성의류 업체인 멘스웨어하우스(Men's Wearhouse)는 '사람중심 기업경영'을 실천하는 업체로 유명합니다. 이 회사는 1973년 7천 달러로 시작했습니다. 레드오션의 의류시장에서 매년 17퍼센트 매출성장을 달성하며 2008년에 1만6천여 명의 종업원과 약 1천3백여 개 매장을 거느린 대규모 회사로 성장했습니다. 1999년 이후 〈포춘〉지가 선정하는 가장 일하고 싶은 100대 기업에도 꼭 들고 있습니다.

조지 짐머 회장은 "의류가 아닌 직원의 경쟁력이 사업 성패를 결정짓는다."고 합니다. "우리는 남성 의류 사업이 아닌 사람경영을 하는 곳이다."라고 합니다. 조지 짐머 회장은 주주경영을 강조하는 미국에서 인간의 중요성을 항상 강조하고 '직원 최우선'을 사업에서 실천하고 있습니다. 음반, 항공 등 350여 개 사업을 경영하고 있는 버진그룹의 창업자 리처드 브랜슨도 "직원이 최우선이고, 그 다음이 고객이며, 주주들"이라고 합니다. 조지 짐머 회장은 '서번트 리더십'으로 무장하고 실천하고 있습니다.

멘스웨어하우스는 회사의 핵심가치와 문화에 대한 적합한 인재를 채용하고 내부 육성을 통해 높은 수준의 서비스 차별화 전략을 추구합니다. 즉, 우수한 인재보다 평범하지만 기업문화에 적합한 인재를 채용합니다. 철저한 내부 승진과 정규직 중심의 고용을 고집합니다. 적합한 인재를 육성하기 위한 교육예산은 무제한으로 지원합니다. 2008년 3월 주주총회 당시 조지 짐머 회장은 "경제위기로 힘든 시기가 예상됩니다. 그러나 교육과 복지혜택 및 인센티브에 대한 예산은 줄이지 않고 지속하겠습니다."라고 발표했습니다. 비용이 많이 드는 시스템입니다. 그러나 멘스웨어하우스는 직원에 대한 신뢰가 회사에 대한 충성심을 낳고 직원의 충성심은 고객의 회사 제품에 대한 신뢰와 서비스에 대한 믿음으로 이어진다고 합니다.

멘스웨어하우스는 개인 성과보다는 팀워크를 중시하는 평가와 보상 제도를 도입하였습니다. 한 팀으로서 일한다는 자부심을 갖게 합니다. 아무리 판매실적이 탁월한 직원이라도 동료에 대한 멘토십이나 팀워크를 해치면 해고 대상이 됩니다. 반면, 매출목표 달성에 대한 평가를 매장별로 매월 시행하여 '굿(Good)'을 받은 매장은 20달러, '엑셀런트(Excellent)'를 받은 매장은 40달러씩을 매장 전 직원에게 지급합니다. 또한 매장 전 직원이 협력해야 달성할 수 있는 감소율을 매월 평가하여 1퍼센트 미만은 1천5백 달러, 0.5퍼센트 미만은 3천 달러를 인센티브로 지급함으로써 팀워크를 강조합니다. 실수를 용인하는 조직문화를 만들어 임직원간의 신뢰를 높입니다. 직원이 실수를 두려워하지 않고 적극적으로 아이디어를 낼 수 있도록 합니다. 주요 수익사업으로 자리잡은 턱시도 대여사업도 1999년 한 직원이 낸 아이디어를 CEO가 채택해서 이루어진 결과입니다. 멘스웨어하우스는 회사의 성공 요인 중 가장 중요한 것은 '직원에 대한 존중과 투자'라고 합니다. 자신들은 의류업을 하는 게 아니라고 합니다. 사람들의 행복을 창출하는 것을 목적으로 하는 '사람산업'이라고 합니다(《SERI 경영노트》, 2009. 10. 22, 제27호).

멘스웨어하우스와 달리 아직 우리나라 기업 CEO의 대부분은 노동자를 감시하고 통제하는 것을 CEO의 역할로 알고 있습니다. 노동자를 머슴으로 여겼던 전 한보철강 정 모 회장, SK그룹 최태원 회장 4

촌 동생인 최 모 사장이 노동자를 야구방망이로 폭행한 사건, 망향휴게소 엄 모 사장이 여성 노동자를 폭행한 사건, 피죤 이 모 회장의 전직 사장 청부 폭행 사건 등등 수많은 사례가 있습니다. 아직 많은 기업 CEO와 임원들이 노동자를 목적이 아닌 수단으로 대합니다. 기업 경쟁력의 핵심역량이 아닌 비용정도로만 여깁니다. 가족이 아닌 가축 같이 대우합니다. 심한 욕설에 심지어는 재떨이까지 내던지는 CEO와 임원한테서 사람중심 경영은 요원한 꿈일지도 모릅니다. 경영자가 직원을 존중하고 배려하고 신뢰할 때 직원도 경영자를 존경하고 존중하는 마음이 생깁니다. 직원들에 대한 존중과 신뢰를 기반으로 할 때 상생과 공존의 관계가 맺어질 수 있습니다.

연간 휴일 140일, 하루 근로시간 7시간 15분, 정년 70세, 월급 동종업종보다 10퍼센트 높은 수준, 육아휴직 3년, 5년마다 회사가 부담하는 780여 명 전 직원 세계여행, 업무량은 직원 자신이 알아서 결정하는 회사가 있습니다. 바로 직원들의 천국이라고 하는 일본의 '미라이(未來) 공업'입니다. 이런 회사가 살아남을 수 있을까요? 미라이 공업은 1965년 창업 이래 적자가 없습니다. 2012년에 연 매출 3천억 원, 연평균 경상이익률 15퍼센트(동종업계 3퍼센트), 전기 스위치 박스 시장점유율 80퍼센트라는 놀라운 성장을 기록하고 있습니다. 하이테크 기업만 주목하는 시대에 전기설비 재료, 급배수 설비, 가스 설비를 제조 판매하는 미라이공업은 로우 테크(low tech) 중에서도 후발기업입니다. 그다지 내세울 것 없는 회사가 높은 성과를 올릴 수 있는 것은 야마다 아키오 사장의 사람중심 경영 때문입니다. 1931년 중국 상하이에서 태어나 일본 기후현의 오가키 중학교를 졸업한 것이 학력 전부입니다. 1965년 극단 '미라이자'의 이름을 딴 전기 제조설비 업체 미라이공업을 설립했습니다. 마쓰시타 전공 등 대기업과의 경쟁에서 살아남기 위해 그가 선택한 방법은 직원의 의욕을 불러일으키는 '사람중심 경영'과 '차별화'였습니다. 아키오 사장은 '직원 중심의 경영, 직원이 행복한 회사'를 경영 중심으로 삼았습니다. 그는 "직원들을 놀게 해, 업무 할당량 따위는 필요 없어, 사원들이 알아서 다 해!" 라고 합니다. 실제로 직원 자신들이 업무량을 알아서 결정합니다. 상부에 연락하고 보고할 의무도 없습니다. 타임카드도 자율권을 존중해 폐지했습니다.

아키오 사장은 "회사가 힘들수록 기쁘게 일을 해야 회사가 발전한다."고 합니다. 그는 "우리는 직원들의 의욕을 경영의 기둥으로 삼고 있습니다. 회사는 직원이 하루 대부분을 보내는 곳입니다. 회사가 속박하면 직원들이 회사를 위해 열심히 일하려는 의욕을 가질 수 없습니다." 라고 말합니다. 아키오 사장은 무엇보다 직원의 자주성을 중시합니다.

아키오 사장은 "사람들간 능력의 차이는 있지만 각자가 100퍼센트 능력을 발휘하고 힘을 합칠 수 있다."고 합니다. 사실 1만8천개 제품 모두가 직원들이 짜낸 아이디어 제품입니다. "사람은 물건이 아니야, 원가절감은 옳지만 급료를 낮추는 것은 사원을 인간으로 생각하지 않으니까 하는 거야, 인간은 코스트가 아니야."라고 말합니다. 사람을 비용이 아닌 자산으로 여기고 존중합니다. 1991년 상장할 당시 직원들의 이름이 적힌 쪽지를 선풍기에 날려 가장 멀리 날아가는 쪽지부터 과장을 시켰습니다. 그 후에는 볼펜을 던져 과장 승진자를 정하기도 했습니다. 괴짜 같은 사람이지만 아키오 사장은 가장 사람중심적인 경영을 펼쳤습니다. 그리고 결과는 성과로 나타났습니다(〈야마다 사장, 셀러리맨의 천국을 만들다〉, MBC스페셜, 2007. 7. 28).

(주)파워넷의 김상도 대표이사는 "기업에서 가장 중요한 자원은 사람입니다."라고 합니다. 파워넷은 LCD 모니터나 LCD TV 평판 디스플레이용 전원 공급 장치 제품을 개발 제조하는 회사입니다. 2000년에 들어서 국내 PC 산업의 경쟁력이 떨어지면서 2004년 12월 법정관리 신청을 합니다. 2005년 김 대표가 부임할 당시 임직원의 사기는 땅에 떨어져 있었습니다. 많은 직원이 다른 회사로 자리를 옮겼습니다. 김 대표는 '생존을 건 절박한 혁신활동'을 전개했습니다. 그는 '모든 일은 사람이 하는 것'이란 신념으로 직원들의 마인드 개혁과 열정을 끌어내는 데 주력했습니다. 그 결과 2004년 매출액 443억 원, 영업 손실 145억 원, 당기순손실 316억 원이었던 회사는 2009년에 영업이익 102억 원의 기업으로 성장했습니다. 김 대표는 "기업에서 가장 중요한 자원은 사람"임을 강조합니다. "일이 아무리 어렵고 힘들더라도 CEO는 열정을 가지고 조직구성원들에게 꿈과 희망을 주면서 열심히 노력하는 모습을 보이며 정직하고 투명한 경영을 해야 한다."고 합니다.

프랑스 최대 호텔그룹 아코르와 한국 앰배서더호텔 그룹이 2006년 공동 출자해 설립한 호텔 전문경영회사인 아코르앰배서더코리아호텔은 국내 15개 호텔 경영을 총괄하는 호텔 라인입니다. 아코르앰배서더코리아호텔은 현재 국내에서 가장 많은 호텔 체인을 경영하고 있습니다. 또한 국내 호텔 개발 및 운영 부문에서 독보적인 위치를 차지하고 있습니다. 끝 모를 성장을 거듭하고 있는 호텔의 원동력에 대해 권대욱 사장은 "사람을 중심에 두는 조직문화"라고 합니다. 권 사장은 "기업의 핵심은 사람입니다. 따라서 정직과 신의, 인의예지의 기본을 갖춘 사람들이 모이는 조직을 만들고자" 합니다.

호텔은 인재 채용에서도 '인간성'을 최고로 중시합니다. 채용면접에는 회장 이하 사장단 모두가 열일 제쳐놓고 종일 면접에 임한다고 합니다. 아코르앰버서더코리아호텔은 면접 시 채용 프로세스만으로는 사람을 제대로 판단할 수 없다고 합니다. 따라서 피면접자가 쓴 글, SNS에 포스팅 된 글, 친구들의 댓글을 통해 그 사람이 가진 성향, 인간관계까지 파악합니다. 권대욱 사장은 거의 모든 질문에 '사람'이 중심에 있다고 합니다. 기업이 우선시하는 '이윤추구'는 경영의 본질이 아니라는 깨달음을 얻었다고 합니다. 따라서 경영성과에서조차 조직적 성과 목표뿐만 아니라 개인 차원의 자기 계발 목표도 매년 인터뷰를 통해 정합니다. 직원들이 성과를 내는 과정에서 자신이 성장하고 있다고 느끼게 하기 위함이라고 합니다. 권대욱 사장은 "모든 직원이 일을 통해 자아를 실현하고 행복감을 느낄 때 조직, 나아가 사회 전체가 건강해지고 행복해집니다. 그 과정에서 성과는 따라오는 것입니다. 앞으로도 자율을 중심으로 건강하고 모든 면에서 정직-성실-청렴한 경영을 해나갈 방침"이라고 합니다(〈HR Insight〉, 2015. 01호).

중국 정저우케이블은 사람중심 경영철학을 구현한 뉴패러다임 혁신으로 1년 만에 매출을 3배로 올리는 놀라운 성과를 거두었습니다. 정저우케이블은 전선 제조업체입니다. 인간중심 경영의 이론적 기반을 제공한 피터 드러커 탄생 100주년을 기념하는 포럼이 2008년 중국에서 열렸을 때 뉴패러다임이 소개되었다고 합니다. 2011년 킨와그룹과 룬우그룹의 최고경영진들이 두 차례 한국을 방문했습니다. 뉴패러다임인스티튜트 문국현 대표를 만난 후 2012년 초부터 사람중심 경영을 실현하기 시작했습니다. 1958년에 설립한 정저우케이블은 2007년 중국 정부의 민영화 조치로 킨와그룹에 인수되었습니다. 민영화 이전에 3위권이었던 업계 순위는 30위로 추락했으며 한때는 도산 위기까지 몰렸습니다.

정저우케이블이 구현한 사람중심 뉴패러다임은 사람의 자발성 존중과 활용, 회사의 장기발전 기반으로 평생학습 체제 구축, 지속적인 발전과 혁신 추구 등 세가지였습니다. 근로자의 작업조건과 환경을 개선했습니다. 더러웠던 화장실을 호텔 수준으로 개선했습니다. 관리자는 직원을 존중하고 자신감과 자부심을 갖도록 했습니다. 회사 비전을 새롭게 세우고, 직원과 공유할 수 있도록 힘썼습니다. 자율적으로 낭비요인을 제거하고 공정 합리화를 유도했습니다. 평생학습 체제를 구축해서 직원 교육시간을 월평균 4~6시간에서 15~30시간으로 4~5배 늘려 안전, 직무, 취미 등 다양한 내용을 진행했습니다.

사람중심 경영을 실현하면서 2011년 매출 3억 위안(한화 6백억 원), 직원 수 9백여 명인 기업이 2012년에 매출 10억 위안(한화 2천억 원)으로 1년 만에 세 배가 넘을 것이라고 합니다. 이직자가 없어지고 나갔던 핵심직원도 다시 돌아왔습니다. 양젠화 회장은 "중국 정부가 최저임금을 올리고 질적 성장을 추진하고 있는 상황에서 사람중심 경영은 중국 기업의 혁신에 큰 도움이 될 것"이라고 합니다(《한겨레》, 2012. 10. 22).

최악의 불황 극복은 뉴패러다임 사람중심 경영으로

수출을 중심으로 하는 세계경제가 흔들리고 있습니다. 유럽은 당분간 회복이 쉽지 않습니다. 미국은 미미한 회복세를 보이지만, 외국에 분산됐던 제조업, 서비스업을 자국으로 들여오는 과정에서 생긴 것뿐입니다. 따라서 신흥국의 수요를 창출하는 효과는 적습니다. 지구 북반부에 있는 선진국들은 국내 수요가 감소하고 긴축정책, 보호주의 무역 등으로 수입을 줄입니다. 신흥국들은 중국시장에 희망을 걸고 있습니다. 그러나 중국이야말로 북반부 선진국 시장에 크게 의존합니다. 선진국의 수입이 줄어들자 중국 수출은 급격히 둔화하고 있습니다.

세계경제의 쇠퇴 속에서 한국경제는 저성장의 늪에서 빠져나오지 못하고 있습니다. 일반적으로 경제가 성숙하고 1인당 소득이 증가하면 경제성장 속도는 줄어듭니다. 그러나 한국은 임금이 더 낮은 경쟁국이 부상함으로써 저임금 이점이 사라졌습니다. 반면, 이를 상쇄할 수 있는 생산성은 오르지 않고 있습니다. 1인당 소득이 충분히 오르지 않은 상태에서 일찍 성장속도가 둔화하고 있습니다. 이러한 원인은 그동안의 경제성장을 견인한 소비나 투자가 실질적인 소득의 증가에 기인한 게 아니기 때문입니다. 정부는 금융규제 완화를 통해 은행에서 쉽게 돈을 빌릴 수 있게 했습니다. 국민은 은행에서 빌린 돈으로 주택도 사고 자동차도 사고, 내구재 소비재도 샀습니다. 즉, 우리의 경제성장은 부채에 의존한 것이었습니다. 몇 년 동안 저성장을 벗어나지 못하자 정부는 경제회복을 위한 수단으로 대출요건을 완화했습니다. 국민이 빌린 돈으로 소비를 하도록 유도해서 성장률을 높여보겠다는 꼼수입니다. 거품 성장을 장려하겠다는 것입니다. 임금 등 실질소득이 정체된 상황에서 부채를 통한 소비 장려는 매우 위험합니다. 2015년 11월 현재 가계부채는 1천166조 원에 이릅니다. 국민의 실질소득을 올리기 위해서는 사회복지 확대 및 임금을 올려야 합니다.

최근 지구촌엔 '기본소득' 바람이 불고 있습니다. 모든 사회구성원에게 조건 없이, 자산심사나 노동에 관한 요구 없이 일정 금액(네덜란드, 월 115만 원)을 정기적으로 지급하는 것입니다. 네덜란드, 프랑스, 핀란드, 스위스 등이 추진을 계획하고 있습니다. '빈곤의 덫'을 피하기 위한 실험입니다(《한겨레》, 2015. 12. 28). 기본소득이 지급되면 저임금 일자리를 전전하던 이들이 자신에게 맞는 안정된 직업을 찾을 가능성이 높아진다고 합니다. 불필요한 행정비용도 절감할 수 있다고 합니다.

우리 정부도 "수년간 임금을 쥐어짰는데 경제가 돌아가겠나. 임금을 올려야 경제가 살아난다."고 했습니다. 그래서 쓴 수단이 '기업소득 환류세제'였습니다. 임금 및 배당에 돈을 많이 쓴 기업에 세금을 깎아주는 제도입니다. 그러나 2015년 3분기 가계소득 증가율은 0퍼센트였습니다. 1년간 소득이 제자리걸음을 했다는 뜻입니다. 기업소득 환류세제 이후 가계소득 증대를 위한 정부의 의미 있는 후속 조치는 아무것도 없었습니다.

수출을 중심으로 하는 한국경제의 특성상 단기간에 침체를 벗어나기 어렵습니다. 2014년 기업의 매출액이 2006년 통계 작성 이후 처음으로 감소했습니다. 매출액 비중이 전체 산업의 절반이 넘는 제조업은 3.8퍼센트나 감소했습니다. 2015년 경제성장률은 우리의 잠재성장률(한 나라의 노동과 자본 등 동원 가능한 생산요소를 모두 투입해 인플레이션 등의 부작용 없이 최대로 이뤄낼 수 있는 성장률)에도 미치지 못하는 2.7퍼센트의 저성장에 머물 것으로 예상합니다. 2016년 또한 2퍼센트 대를 넘지 못할 것이라는 게 전문가들의 전망입니다. 몇몇 대기업을 제외하곤 많은 기업이 쓰러지고 있습니다. 중소기업은 물론 대기업에서 근무하던 임직원들이 길거리로 쏟아져 나오고 있습니다.

국내 1위 기업인 삼성전자도 예외는 아닙니다. 국민은행도 2015년 상반기 1천122명이 회사를 떠났습니다. 모든 산업에서 인력 감축 칼바람이 무차별로 퍼지고 있습니다. 조선과 중공업에서 시작한 감원 바람은 건설, 기계, 금융, 전자 등 전 산업으로 확산되고 있습니다. 그동안은 대체로 고위급 임원이나 부장급 등을 대상으로 했지만 2015년에는 직급과 나이를 가리지 않습니다. 차장 과장 등 중간직급은 물론 대리와 신입사원에 이르기까지 실적 악화의 희생양이 되고 있습니다. 두산인프라코어는 2014년에 입사한 공채 신입사원과 23세 여직원까지 희망퇴직을 신청한 것으로 알려져 우리 사회에 충격을 주고 있습니다(파문이 확산되자 2년 이하 직원은 제외). 청년 명퇴가 신조어로 생길 만큼 젊은이들조차 삶에 있어 낭패감과 미래에 대한 불안감이 커지고 있습니다.

경영자는 어떻게 경영을 해야 할지 탈출구를 찾지 못하고 우왕좌왕 합니다. 사상 최악의 불황에서 오로지 허리띠를 졸라매는 비용절감과 임직원들에 대한 감원으로 한 순간만이라도 모면해보려고 합니다. 왜 대한민국은 OECD 경제 강국이 되었고, 2만7천 달러의 높은 소득을 달성했음에도 불구하고 직장인은 힘들고 고달픈 삶을 살아가야 하나요? 이제 질문을 던질 때가 됐습니다. 위대한 기업을 만드는 성공의 기준은 무엇인가요? 어떻게 해야 하나요? 소득과 고용을 늘리는 새로운 발전전략이 요구됩니다. 노동자의 사회적 경제적 권리를 보장하고, 소득의 실질적인 증가를 추진해야 합니다. 노동자의 열정과 헌신에 기반 해 생산성을 높이는 정책이 필요합니다. 바로 사람중심의 경영입니다. 경영자가 창조적인 사람과 의논하고 결정하는 관계를 만들어야 합니다. 이런 정책은 단순한 복지를 위한 게 아니라 지속 가능한 성장을 위한 경제 전략의 중요한 부분입니다. 미국 캔자스주립대 토마스 라이트 박사는 '근로자의 정신적 웰빙과 직업 만족도가 회사의 실적에 미치는 영향'을 조사했습니다. 그 결과 행복하다고 느끼는 근로자가 있는 직장의 생산성이 그렇지 않은 기업에 비해 10~25퍼센트 높은 것으로 나타났습니다.

서울 금천구 시흥대로에는 대기업은 물론 해외에서까지 벤치마킹하는 '백산주유소'가 있습니다. 고객은 주유소 입구에 들어설 때부터 나갈 때까지 90도의 깍듯한 네번의 인사를 받습니다. 직원은 고객이 승하차시 차 문을 열어주고 닫아줍니다. 사은품과 영수증은 바구니에 담아 정성스럽게 건넵니다. 고객은 주유소에 머무는 동안 직원에게 '삶의 에너지를 충전 받는 느낌'이라고 합니다. 백산주유소 직원은 모두 정규직입니다. 4대 보험은 물론 래프팅, 스키, 영화관람, MT, 회식 등의 활동을 함께합니다. 연말 송년회는 직원가족은 물론 이웃까지 초대합니다. 직원은 대부분 장기 근속자이며 진정으로 주유소가 더 잘 되기를 바랍니다. 아르바이트의 대명사인 주유소가 정규 직원들이 밝게 일하는 공간으로 바뀌게 된 건 무엇인가요? 다름 아닌 문성필 대표가 구현한 경영철학의 변화입니다.

백산주유소 근처에 10개 넘는 주유소가 우후죽순처럼 늘어나면서 심한 경쟁으로 백산주유소는 경영 위기를 맞게 됩니다. 문성필 대표는 경영위기를 극복하고 생존을 위한 다양한 시도를 합니다. 일본 MK택시의 '인사가 모든 것을 바꾼다'는 사례도 밴치마킹 했습니다. 좋은 서비스의 출발은 '직원의 자존감을 높여주는 것'도 깨달았습니다. 문 대표는 '고객의 마음을 헤아리며 고객과 소통'하는 주유소, '재미와 즐거움'이 있는 주유소로 백산주유소를 바꾸었습니다. 직원이 행복해하는 즐거운 조직문화를 만들기 위해 노력했습니다. 직원 모두를 정규직으로 만들었습니다. 직원이 열정을 다 할 수 있는 각종 여건을 조성했습니다. 경영의 중심에 사람을 세웠습니다. 고객 만족을 통해 새로운 가치를 창출했습니다. 매출은 2배 이상 뛰었습니다.

문 대표는 "주유소는 기름을 파는 게 아니라 사람들의 꿈과 희망을 이루는 데 도움을 주는 도너(donor) 역할을 해야 한다."고 합니다(〈조선일보〉, 2015. 7. 3). 직원은 진심으로 고객을 맞이하고 정성을 다합니다. 주유소의 성장과 발전을 위해 열정과 헌신의 노력을 기울입니다.

고객은 백산주유소를 신뢰합니다. 행복한 사람만이 다른 사람을 행복하게 할 수 있습니다. 사람중심 경영으로의 변화는 직원의 마음과 삶의 자세를 완전히 바꿔놨습니다. 그리고 직원은 주유소를 바꾸었습니다. 오늘도 25명의 백산 직원은 지속성장이 가능한 백산주유소를 만들어 가고 있습니다.

21세기 지식기반 사회에서 20세기 산업시대의 경영방식으로 기업경영을 할 수 없습니다. 산업의 특성과 경영철학이 화학적 결합을 해야 시너지 효과가 날 수 있습니다. 사람의 창조성과 잠재력을 경쟁력의 원천으로 삼아 위기를 극복해야 하는 시기입니다. 사람에 대한 감시와 통제, 억압으로 창조성과 잠재력을 불러일으킬 수는 없습니다. 21세기 산업과 그에 걸맞은 경영철학을 세워야 합니다. 컴퓨터로 조종하고 원격에서 포격하는 21세기 전쟁에 칼과 화살로 무장하고 싸울 수는 없습니다. 사람중심 경영을 멀리할수록 경제회복도, 기업의 지속성장도 어려워집니다. CEO들의 경영철학이 바뀌어야 합니다.

사람이 사람의 미래다

모든 사람에게는 그들 자신만의 고유한 잠재력이 있다고 합니다. 사람의 지능은 언어, 음악, 논리, 수학, 신체운동, 인간친화, 자기 성찰 등 다양한 능력으로 이뤄져 있습니다. 이런 능력의 조합으로 개인의 다양한 재능이 나타난다고 합니다. 따라서 특정 능력만으로 사람의 잠재력을 평가해서는 안 된다는 말입니다. 모든 사람은 한 가지 이상의 뛰어난 능력을 보유하고 있습니다. 어떤 능력 한가지만으로 그 사람 전체를 평가해서는 안 됩니다. 기획 능력은 부족하지만 아이디어가 풍부할 수 있습니다. 전략 수립 능력은 떨어지지만 분석하고 체계화하는 능력은 뛰어날 수 있습니다. 정리하는 능력은 부족하지만 상상력과 창조성이 뛰어날 수 있습니다. 피터 드러커는 “큰 강점을 지닌 사람은 언제나 커다란 단점도 지니고 있는 법이다. 산봉우리가 높은 곳은 계곡이 깊듯이 말이다. 그리고 온갖 분야에서 모든 것을 다 잘하는 인간은 없다. 인간의 지식, 경험, 그리고 능력 등 총체적 능력을 기준으로 평가해 보면 아무리 위대한 천재라도 낙제할 수밖에 없다.”고 합니다.

사람이 자산인 이유는 사람은 한 가지 이상의 뛰어난 능력을 보유하고 있기 때문입니다. 사람만이 잠재적 능력을 갖추고 있습니다. 사람만이 투입 대비 그 이상의 산출물을 낼 수 있습니다. 사람의 잠재적 능력을 어떻게 발휘하느냐에 따라 상상 그 이상의 엄청난 역량을 만들어낼 수 있습니다. 사람은 조직을 운영하고, 전략을 수립하고, 생산현장을 설계합니다. 설비와 시스템을 운영하고 사회변혁을 가져올 아이디어를 냅니다. 사람과 사람이 모이면 시너지 효과를 만들어 냅니다. 고객가치를 창출하여 고객을 만족하게 하고 효용을 높입니다. 고객과의 관계를 만들어내고 장기적으로 그 관계를 지속시킵니다.

기업이 지속해서 성장하기 위해서는 다른 기업이 모방하기 어려운 뭔가 차별적인 경쟁우위를 갖고 있어야 합니다. 특허권이나 법률로 보호받을 수 있는 어떤 배타적인 권리일 수도 있습니다. 그러나 한 기업이 독점할 수 있는 기술은 없습니다. 특정 기술이 법률로 보호받고 있으면 그와 유사한 다른 기술이 개발되어 또 보호를 받게 됩니다. 어떤 신약이 개발되어 일정 기간 특허로 보호를 받으면 바로 유사한 기능의 신약이 개발됩니다. 기술개발 속도가 빨라지고 제품의 수명주기도 짧아지고 있습니다. 국내 시장 또한 보호받지 못합니다. FTA 등으로 세계시장이 하나로 통합되고 있어 지역적 경계에 의한 시장보호는 실효성이 없습니다. 독창적 기술이나 시장이 오랫동안 경쟁우위를 확보할 수 없다면 뭔가 다른 경쟁우위를 확보해야 합니다.

차별적인 경쟁력은 바로 사람

모방할 수 없고 결정적으로 차별적인 경쟁력은 바로 사람에 의한 경쟁력입니다. 생산적이고 열정적인 사람, 의욕과 창의성을 끌어내는 정책, 사람을 중시하는 기업문화와 사람중심 경영, 직원과 고객과의 장기적이고 지속적인 관계 등은 쉽게 모방할 수 없는 차별적인 경쟁력입니다.

사우스웨스트 항공의 CEO이었던 허브 켈러허는 조직에서 사람의 중요성을 높이 평가하여 고객서비스에서 뛰어난 성공을 가져온 기업문화를 만들었습니다. 멘스웨어하우스는 미국의 의류소매업의 성장률이 2~3퍼센트에 불과한 상황에서 매년 17퍼센트 이상의 높은 성장률을 이룩했습니다. 짐머 회장은 '직원 최우선'의 경영철학을 실현했습니다. 급변하는 경쟁 환경에서 장기적으로 지속적인 성장을 할 수 있으려면 사람을 존중하고 사람을 경쟁력의 원천으로 삼아 투자해야 합니다. 사람에 의한 경쟁력은 사람과 고용 관계에 대한 인식과 문화를 근본적으로 바꾸는 것입니다. 사람을 감원하거나 없애야 할 비용이 아니라 자산으로 보는 것입니다. 전략적인 경쟁우위의 원천으로 보는 것입니다. 생산성이 떨어지는 나이가 되면 젊은 인력으로 대체하거나 업무영역을 제한하는 게 아닙니다. 재교육을 통해 나이와 직급에 맞는 업무 재배치를 합니다. 회사가 어렵다고 명퇴나 감원을 하는 게 아니라 장기적인 고용 관계 유지를 통해 안정감을 주는 것입니다. 함께 일함으로써 잠재력을 끌어내고 열정을 경쟁우위로 삼는 것입니다.

사람에 대한 투자는 기계나 설비와 달리 회수하는데 시간이 걸립니다. 그러나 잠재적 역량이 발휘되면 그 가치는 무한합니다. 세계적인 기업은 사람에 대한 투자를 게을리하지 않습니다. 경영자는 우선 사람을 존중하고 사람에게 투자해야 합니다. 자신의 시간도 직원들에게 우선 할애해야 합니다. 사람이 핵심 경쟁력이기에 사람을 얻는 것이 가장 중요한 성공의 지름길입니다. 최인호의 소설 《상도》에는 다음과 같은 글귀가 있습니다.

> "장사란 이익을 남기기보다 사람을 남기기 위한 것이다. 사람이야말로 장사로 얻을 수 있는 최고의 이윤이며, 따라서 신용이야말로 장사로 얻을 수 있는 최대의 자산인 것이다.", "작은 장사는 이문을 남기기 위해서 하지만 큰 장사는 결국 사람을 남기기 위해서 한다."

사람은 무엇보다 자기의 삶을 가장 소중히 여깁니다. 비록 생활을 해결하기 위해 회사에 다닌다 해도 그게 다가 아닙니다. 조직에서 자신이 하고 싶은 것을 하고, 자기를 계발하며 자아를 실현하고 싶어 합니다. 일을 통해서 삶의 의미를 찾고 싶어 합니다. 자신의 존재가치를 증명하고 싶어 합니다. 경영자는 그곳이 바로 지금의 일터임을 보여줘야 합니다. 떠나 있던 마음을 일터로 끌어들여야 합니다. 자신이 존중받고 있다는 느낌을 주어야 합니다. 좋아하는 일을 찾을 수 있도록 배려해야 합니다. 스스로가 발전하고 성취감을 얻도록 자율성을 부여하고 권한을 위임해야 합니다. 자신에게 투자할 수 있도록 시간과 지원을 아끼지 말아야 합니다.

세계적인 기업 3M에는 '15퍼센트 원칙'이 있습니다. 업무시간 중 15퍼센트의 시간은 자신이 원하는 일에 사용할 수 있습니다. 자신이 관심을 갖는 분야에 시간을 투자할 수 있게 한 것입니다. 마케팅연구소 소장 때 모든 직원에게 8시간 중 1시간의 자율시간을 주었습니다.

1시간은 업무에 집중하지 않고 뭐든지 다른 걸 생각할 수 있도록 했습니다. 물론 업무가 바쁠 땐 제대로 지켜지지 못했습니다. 그러나 하루 한 시간은 직원이 자신에게 투자할 수 있었습니다.

경영자는 과거의 오랜 습관과 사고방식에서 벗어나야 합니다. 사람만이 모방할 수 없는 경쟁력임을 인식하고 실현해야 합니다. 임직원의 역량을 높이는 데 투자를 게을리하지 않아야 합니다. 사람과 시간은 흐르는 물과 같습니다. 사람은 자신을 알아주고 인정해주는 사람을 찾아 떠납니다. 몸은 머물러 있어도 마음이 떠나면 쉽게 돌아오지 않습니다. 임직원의 시장 가치를 향상하는 데 주력해야 합니다. 사람에게 투자하는 게 곧 기업이 성공하는 지름길입니다.

사람중심 경영의 리더십

모든 조직에는 리더가 있습니다. 기업에는 조직의 크기별로 팀장(과장, 부장), 본부장, 부문장, 사장, 회장 등의 리더가 있습니다. 어떤 조직이건 CEO가 어떤 사람이냐에 따라 조직을 흥하게도 하고 쇠하게도 합니다. 어떤 리더는 많은 사람을 변화시키고 성공으로 이끕니다. 반면, 어떤 리더는 조직을 파괴하고 병들게 합니다.

몇 년 전 LG경제연구소가 직장생활에서 가장 힘든 요소가 뭔지 조사한 적이 있습니다. 직원들 중 가장 많은 사람이 상사와의 갈등을 직장생활의 가장 힘든 요소로 지적했습니다. 하루 24시간 중 거의 절반을 직장에서 보내는 만큼 상사는 직장생활의 희로애락에 절대적 영향을 미치는 중요한 요소입니다. 그런데 직원들이 가장 힘든 요소로 상사와의 갈등을 꼽았다는 건 아직 우리 기업에는 직원들을 힘들게 하는 리더가 더 많다는 것입니다.

리더는 관리와는 본질적으로 다릅니다. 관리는 계획하고 자원을 배치하고 감독하고 목표달성을 위해 노력하는 기능입니다. 반면, 리더십은 비전과 방향과 가치를 제시합니다. 직원들이 자발적으로 참여하고 헌신할 수 있도록 동기를 부여하고 사기를 높여줍니다. 또한 목표를 달성할 수 있도록 지원합니다. 최고경영자 CEO는 조직의 핵심가치를 제시하고 직원들에게 도전의식과 열정과 헌신을 유도합니다. 나아가 조직이 좋은 문화를 확립할 수 있도록 합니다.

지식기반 사회는 사람을 존중하고 배려하며, 사람의 핵심역량을 계발하여 경쟁력의 원천으로 삼는 사회입니다. 따라서 사람중심 기업은 감성적 리더십, 관계리더십, 섬기는 리더십, 서번트 리더십, 코칭리더십 등 사람의 마음을 다루는 리더십을 요구합니다. 더 이상 과거의 강압적이고 권위적인 리더십이 설 자리가 없습니다. 피터 드러커도 "카리스마는 리더들이 잘못된 행동을 하는 원인이 된다."고 지적했습니다. 그런데도 CEO의 경영방식은 과거 그대로입니다. 강압적이고, 권위적이며, 독선적인 사람이 최고경영자로서 기업을 이끄는 경우가 있습니다. 따라서 기업의 경영환경과 리더십간에 심한 갈등이 생기기도 합니다.

kt의 경쟁력은 집단지성

kt는 2002년에 민영화했습니다. 공기업도 아닌데 대주주가 없는 관계로 정권의 전리품이 되어 최고경영자가 여럿 바뀌었습니다. 조직과 사람이 수시로 바뀌어 많은 직원이 혼란스러워합니다. 장기적인 정책은 없고 단기적으로 가시적 실적만을 만들려는 보이기식 경영만이 난무합니다.

통신기업 중의 하나인 kt는 재벌기업인 SKT나 LGU+에 비해 직원 개개인의 능력이 뛰어나지 않습니다. 자금이 풍부하거나 정부의 비호도 없습니다. 오히려 정부로부터 많은 역차별을 받았습니다. 그런데도 재벌통신사와 경쟁에서 앞서 나갈 수 있었던 데에는 kt만의 독특한 문화가 있기 때문입니다. 바로 '집단지성과 조직의 단합된 힘'입니다. kt는 최대지분을 보유한 대주주가 없는 탓에 CEO나 임원의 지시가 일사불란하게 하달되고 추진되지 않았습니다. CEO 주제 임원회의에서 조차도 CEO의 의견과 다르면 임원이 반론을 제기했습니다. 임원의 부당하거나 불법적인 지시에 대해서는 부하직원이 거부하고 이행하지 않습니다. CEO가 3년마다 바뀌는 상황에서 자신을 보호해줄 장치가 없는데 CEO의 부당하고 불법적인 지시를 목숨 걸고 따를 사람이 없습니다. 재벌기업과 같이 소유자가 있는 경우는 다릅니다. 회장 지시를 따랐다가 영어의 몸이 되었다 해도 가족의 생활보장이나 재복귀는 크게 걱정할 일이 아닙니다. 그러나 kt는 그렇지 못했기에 임원도, 직원도 부당하고 불법적인 업무를 거부할 수 있었습니다.

대신 팀이건 부서이건 본부건 조직에서 토론과 합의로 결정한 사안에 대해서는 모두가 열정적으로 추진했습니다. 1997년 국회 근무 때였습니다. 사전에 시외전화를 어느 회사 제품으로 사용할 것인지 정하는 '시외전화 사전선택제'가 정책적으로 시행되었습니다. 당시 후발통신사였던 데이콤의 강력한 요구에 따라 추진되었습니다. 그런데 정책이 시행되자마자 국회까지 찾아와서 발 빠르게 사전선택제 카드를 받아간 회사는 데이콤이 아니라 kt 직원이었습니다.

직원 모두의 지혜와 의견을 모아 정책을 결정하는 사례가 많았습니다. 직원 개개인의 능력은 남보다 크게 뛰어나지 않습니다. 그러나 작게는 몇 명에서 많게는 수십 명, 수백 명의 지혜가 모여서 결정한 정책이기에 크게 실패하는 경우는 적었습니다. 조직에서 다수의 의견을 모아서 결정한 사안에 대해서 직원들은 하나같이 최선을 다했습니다. 몇 년, 몇십 년을 지나면서 집단지성과 조직의 단합으로 지혜를 모으는 방식은 kt의 조직문화가 되었습니다. 재벌기업에서는 감히 따라 할 수 없는 kt만의 독특하고 차별적인 경쟁력이자 문화입니다.

감동을 주는 리더

그러나 kt의 CEO 자리가 정권의 전리품으로 전락하면서 '집단지성과 조직의 힘'이라는 kt의 차별적인 경쟁력과 문화는 파괴되기 시작했습니다. 자칭 천재라고 하는 어떤 CEO는 고유한 조직문화를 파괴하고 많은 자산을 손실하는 등 kt를 역사상 최악의 상태로 만들었습니다. 토론과 소통은 없어지고 명령과 지시만 남았습니다. 자신만이 혼자 똑똑했습니다. 생각이 다른 임직원은 질책과 해임 대상이었습니다. CEO가 외부에서 영입한 수십 명의 임원은 '성골'이었습니다. kt의 정확한 업무나 상황도 모른 채 각종 정책을 휘둘러 댔습니다. kt 출신 임직원들의 반대는 '무능한 자들의 일하기 싫은 나태'로 보고되었고 며칠 후엔 인사발령이 났습니다. CEO 주제회의에서 토론과 제안, 의견 제시가 줄어들었습니다. CEO의 지시에 반하는 의견을 제시하는 임원들이 하나둘 사라졌습니다. 회의시간은 조용해졌습니다. kt에서 '집단지성과 조직의 힘'이라는 독특한 문화는 사라졌습니다. 정권이 바뀌고 CEO도 바뀌었습니다. 그러나 외부영입 임원 자리엔 특정 라인의 사람들로 채워졌을 뿐입니다. 또 8천여 명이나 되는 직원들이 회사를 떠났습니다. 시대와 경영환경을 거스르는 방식은 바뀌지 않았습니다.

반면, 과거 어떤 CEO는 너무나 달랐습니다. CEO 주재 임원회의는 난상토론의 장이었습니다. 임원들은 자신의 주장을 스스럼없이 얘기할 수 있었습니다. CEO는 다 들었습니다. 궁금한 사항에 대해서는 물어봅니다. 임원이 답을 못하면 CEO는 웃으면서 메일로 보내달라고 합니다. 회의 중에 재밌는 농담도 오고 갑니다. 상황 판단 능력이나 사업 감각이 뛰어남에도 혼자 똑똑하지 않습니다. 회의시간이 끝날 때쯤 되면 주제와 관련하여 거론되었던 내용을 정리하고 임원들의 동의하에 정책을 결정합니다. 매일 새벽 5시에 출근하여 운동하고 임직원에게서 온 메일을 읽고 일일이 답신을 합니다. 임직원은 필요하면 언제든지 CEO를 만날 수 있고 의견을 나눌 수 있습니다. CEO 주변에는 늘 사람들이 많았습니다. 임직원들은 모든 걸 CEO와 함께하기를 원했습니다. MB 정부 때는 정부의 부당한 개입 간섭에 맞서 싸웠습니다. 이 분이 퇴임할 때 직원들이 보낸 온 메일 편지만도 2천 통이 넘었습니다.

중국 한나라를 세운 유방은 항우에 비해 많은 것이 부족했습니다. 시골 출신으로 배운 것도 많지 않고 학식이 뛰어나지도 않았습니다. 대단한 배경의 집안도 아니었던 그가 한나라를 세운 것은 사람경영 때문입니다. 엄격한 규율과 규칙만을 내세웠던 항우와 달리 유방은 인간관계를 중시했습니다. 많은 사람을 만나고 그들을 자신의 사람으로 만들었습니다. 전쟁을 통해 얻은 땅의 백성들을 도륙하지 않았습니다. 품에 안았습니다. 다른 사람들의 말을 들었습니다. 다른 사람들의 지지를 받고 그들을 따르게 했습니다. 인재를 각자의 능력에 맞게 적재적소에 배치하여 각자의 능력을 최대한 발휘할 수 있도록 했습니다.

피자헛, KFC, 타코벨, 롱 존 실버스, A&W 올아메리칸 푸드의 모기업인 얌 브랜드의 회장 겸 CEO인 데이비드 노박은 저서 《이기려면 함께 가라》에서 모든 것이 사람으로 시작해서 사람으로 귀결되는 리더십을 강조합니다. 변화의 흐름에서 도태되지 않고 생존과 지속적인 성장을 하기 위해서는 그 조직을 지탱해주는 자신들만의 문화, 즉 자신들만의 경쟁력을 갖추어야 합니다. 바로 사람입니다. 사람에 의한 경쟁력입니다. 데이비드 노박은 인맥지도 만들기를 주장합니다. 나와 함께 공존해야 할 사람이 누군지 파악하고 신뢰관계를 만듭니다. KFC를 맡으면서도 제일 먼저 추진한 일이 가맹점주들과의 신뢰회복이었습니다. 사람중심 문화를 만들어야 한다는 그의 생각입니다. 사람들이 무슨 생각을 하는지 파악되면 그것을 근거로 행동하고 비전을 함께 나누어야 합니다. 데이비드 노박은 사람중심의 문화로 변화와 혁신을 추진하고 새로운 시장을 개척하였습니다.

훌륭한 리더십은 많은 사람에게 감동과 영향력을 주어 변화를 가져오게 합니다. 경영자는 혼자 기업을 꾸려가는 게 아닙니다. "나를 따르라."가 아닙니다. 많은 사람에게 리더로서 인정받아야 사람들이 스스로 리더를 따릅니다. 지식기반 사회가 요구하는 리더는 직원을 존중하고 배려하며 감성을 이해하는 사람입니다. 리더와 직원간의 인간관계를 최고의 가치로 만들 수 있는 사람입니다. CEO와 직원간의 인간관계가 어떤 관계냐에 따라 직원들의 자발적인 열정과 헌신을 이끌어 낼 수 있고 그렇지 못할 수도 있습니다. 사장과 감시받고 통제받는 노동자 관계라면 직원의 잠재력과 상상력 창조성을 경쟁력으로 삼을 수 없습니다. 열정과 헌신도 끌어낼 수 없습니다. 경쟁자는 각종 정책을 비롯해 모든 걸 모방할 수 있습니다. 그러나 리더와 직원과의 관계, 직원과 고객과의 관계는 모방할 수 없습니다.

리더와 직원간의 관계는 지식기반 사회의 사람중심 기업경영의 핵심 가치입니다. 사람중심 기업경영이 가야 할 방향이기도 합니다. 현명하지 못한 리더는 가치를 제공하지 못합니다. 불안과 공포를 자극하여 단기적인 목표만을 달성하려고 합니다. 미국 부통령이었던 허버트 험프리는 "리더가 된다는 것은 위험을 감수하며, 사람을 사랑하겠다는 의지이다."라고 했습니다.

주인정신, 주인이거나 주인 대접을 받을 때 생긴다

한 번이라도 기업이나 조직에서 근무했던 사람은 기억합니다. CEO나 상사에게서 "제발 주인정신 갖고 일 좀 해라."는 말을. 주간 회의나 월례회의 때마다 귀에 딱지가 생기도록 들었을 것입니다. 부탁하듯이 할 때도 있고, 짜증 섞인 목소리로 할 때도 있습니다. 기회 있을 때마다 얘기하고 외부 강사를 초빙해서 교육하면서도 주인의식을 강조합니다.

경영자는 왜 주인정신을 강조할까요? 아마도 남의 일을 할 때와 자기의 일을 할 때 성과나 품질의 차이가 크기 때문이겠죠. 자기 일을 할 때는 쉬지도 않고, 정성을 들이고 성심껏 합니다. 그래서 남의 일이라도 주인의식을 갖고 내 일같이 열정적이고 헌신적으로 하라는 뜻입니다.

주인정신에 대해 직원들은 어떻게 생각할까요? 경영자가 주인정신을 강조하면 수긍하고 각오를 다짐하던가요? 그렇지 않았던 자신을 반성하고 열의를 불태우던가요? 아닙니다. 열이면 열, 백이면 백 모두 그 반대의 모습입니다. 경영자가 주인정신 어쩌고저쩌고할 때 듣고 있는 직원들의 표정엔 변화가 없습니다. 주인답게 일하지 않는 것에 대한 자성도 깨달음도 없습니다. 오히려 '또 저 소리야' 하는 짜증 섞인 표정입니다.

왜 그럴까요? 주인이 아니라서 그렇습니다. 주인도 아닌데 주인정신을 갖으라니 되나요? 주인 대우를 받지 못하기 때문입니다. 주인도 아니고 주인 대우도 해주지 않으면서 주인의식만 갖으라니 안 되는 겁니다. 경영자에게 있어 직원은 그저 생산을 위해 노동력을 제공하는 비용의 한 요소일 뿐입니다. 회사가 어렵거나 경기상황이 좋지 않으면 언제든지 감원할 수 있는 대상일 뿐입니다. 잠깐이라도 쉬거나 동료와 잡담이라도 해서 생산에 차질을 빚을까봐 늘 감시의 눈을 번뜩입니다. 이런 상황에서 주인의식은 아무리 강조해도 생기지 않습니다.

어떤 회장님은 회사가 어렵다며 직원 연봉은 동결하거나 삭감했습니다. 그러나 자신은 십 수억씩 받아갔습니다. 6천여 명을 내보냈습니다. CEO 자신과 생각이 다르다고 회사 밖으로 내쳤습니다. 보고 잘못하고 무능하다고 해임했습니다. 전임 회장 라인이라고 잘랐습니다. 인력이 너무 많다고 잘랐습니다. 직원들을 불안과 두려움에 떨게 했습니다. 공포경영을 하면서 직원들한테 주인의식 없다고 한숨짓고 질책했습니다. 그리고 유능하다는 사람을 외부에서 대거 영입했습니다. 청와대에 근무해서 유능하고, 타 기업에 있어서 유능하고, 공무원이어서 유능했습니다. 자신의 지인이라서 유능하고, 지인이 소개한 사람이라 유능했습니다. 그러나 그분, 영업 적자를 냈습니다, 천문학적 단위의 사내유보금과 수십 채의 건물을 허공에 날렸습니다.

주인의식은 자신이 조직의 주인일 때 생깁니다. 주인이 아니면 주인으로 대우받을 때 생깁니다. 주인의식 가지라고 해서, 유명한 강사 초빙해서 교육한다고 생기지 않습니다. 직원이 조직의 핵심가치로 인정받고, 경쟁력의 원천으로 대우받을 때, 노동력이 '비용'이 아니라 '자산'으로 바뀔 때 생기는 것입니다. 사람이 경쟁력의 핵심인 지식기반 사회에서는 더욱 그렇습니다. 주인의식에서 우러나오는 열정과 헌신에 기초해야만 합니다. 직원들의 열정과 헌신 없이는 기업의 차별적 경쟁력도 없으며, 무한경쟁도 극복할 수 없습니다. 그게 지식기반 사회입니다. 직원을 존중하고 사람으로 대우하고 직원의 잠재력을 경쟁력의 핵심원천으로 삼아 기업을 경영해야 합니다.

어떤 사람은 '종업원지주제'를 통해 직원들에게 주식을 나눠주면 주인의식을 갖게 할 수 있다고 합니다. 그런가요? 주식 몇 주 가진다고 주인 되나요? 몇 주 안 되는 주식으로는 주총에서조차 별 의미가 없는데 그 회사의 주인이라고 할 수 있을까요? 직원은 의미 없는 주인된 권리를 행사하길 원하지 않습니다. 주식을 보유하고 있다가 주가가 오르면 팔아서 몇 푼 챙기는 데 더 관심이 높습니다. 종업원지주제는 직원들이 보유하고 있는 지분으로 주총에서 의미 있는 권한 행사가 가능할 때 가치 있습니다.

주인의식은 주인으로 대우받고 존중받으며, 주인 된 권한을 행사할 때 생깁니다. 해고의 위험과 불안이 없는 장기 고용 관계가 만들어져야 합니다. 주요 의사결정에 직원이 참여할 수 있어야 합니다. 직원한테 많은 권한을 위임해야 합니다. 주요 정보를 공유해야 합니다. 성과에 대해 인정하고 공정한 보상을 해야 합니다. 도전적 목표 설정 등 각종 제도나 시스템을 갖추고 시행해야 합니다. 이런 제반의 여건을 조성하지 않고 주인의식을 요구하는 건 의미 없는 강요일 뿐입니다.

회사와 직원은 공동운명체

상시적인 해고의 불안 속에서는 주인의식이 생길 수 없습니다. 물론 무한경쟁의 급변하는 경영환경 아래에서 인력운영을 유연하게 할 필요가 있는 건 부인할 수 없습니다. 그러나 고용 불안정은 직원들의 조직에 대한 애정과 헌신을 약화시켜 성과달성을 어렵게 합니다. 정말로 기업이 어려워 어쩔 수 없는 경우나 모든 방법을 다 해봐도 출구를 찾을 수 없을 때를 제외하고는 직원들을 직장에서 내쫓아서는 안 됩니다. 그때도 직원들과 함께 돌파구를 찾아야 합니다. 안정적인 퇴로를 준비해줘야 합니다. 직원을 해고하지 않는다는 확신과 신뢰를 주어야 합니다.

삶의 터전인 회사와 직원간에 좋을 때나 나쁠 때나 함께 가는 공동운명체라는 신뢰를 만들어야 합니다. 기업 상황이 좋을 때는 이익을 나누고 어려울 때는 함께 허리띠를 졸라맬 수 있어야 합니다. 고용 안정이 보장될 때 노동자는 장기적인 전망을 갖고 기업을 신뢰하며 최선을 다하고 헌신합니다.

저는 조직을 맡으면서 부정비리를 저지르지 않는 한 능력이 부족하다고, 맘에 들지 않는다고 임의로 직원을 내치거나 부서이동을 시키지 않았습니다. 임원은 CEO를 대신하여 조직을 관리하고 경영하는 사람입니다. 조직의 장과 직원과의 신뢰관계는 조직 활성화의 기본입니다. 내 자식이 조금 부족하다고, 공부 좀 못한다고 자식 버리고 양자 데려다 키울 수는 없었습니다. 개인간의 경쟁에 내몰린 기업조직에서 남의 불행은 곧 나의 행복입니다. 문제가 있다거나 업무수행도가 떨어지는 직원에 대한 정보는 며칠도 되지 않아 본부 전체로 알려집니다. 다른 조직에서도 해당 직원을 꺼립니다. 사람은 저마다 하나 이상의 능력은 타고난다고 합니다. 업무능력이 떨어지면 다른 능력이 있을 것이라 믿었습니다. 경영자는 시간을 갖고 해당 직원의 능력이 무엇인지를 파악해서 발휘하도록 도와줘야 합니다.

마케팅연구소 때입니다. 영국에서 박사학위를 받고 연구소에서 몇 년 일했던 한 직원이 있었습니다. 과장급으로 나이도 40대 초반이었는데 다른 직원들과 어울리지를 못했습니다. 다른 직원들도 이 직원과 함께 일하려고 하지 않았습니다. 지나치게 이론을 강조하고 자기 의견만을 강하게 주장하다 보니 주변에 사람이 없고 함께 일하기를 꺼렸습니다. 몇 번 팀을 구성해서 함께 과제를 수행하게 했으나 결과는 역시 마찬가지였습니다. 팀 전체의 성과도 좋지 않았고 과제를 수행했던 직원들 사이도 갈등으로 틈이 더 벌어졌습니다. 해당 직원을 연구소에 두는 게 본인에게나 연구소나 손실이었습니다. 몇 달간의 고민 끝에 해당 직원은 팀제로 운영하기보다는 개별적으로 과제를 수행하게 하는 게 좋겠다는 결론을 내렸습니다. 그래서 특정 현상에 대한 이론을 정립해서 장기적으로 예측할 수 있는 모형을 만드는 과제를 수행케 했습니다. 이 직원은 신바람이 나서 연구했습니다. 분기 과제평가에서 최우수 과제로 선정되어 유럽여행 티켓까지 거머쥐었습니다. 이후 이 직원은 연구에 자신감을 갖게 되었습니다. 현재는 대학교수로 재직 중입니다.

주인의식을 갖고 업무를 수행하면 그에 대한 책임도 집니다. 그 결과에 대해서도 남다른 큰 보람과 기쁨을 느낍니다. 직원을 의사결정에 참여시키면 자신이 조직에서 인정받고 대우받고 있다는 생각을 합니다. 더불어 경영진에 대한 신뢰와 존중하는 마음도 갖습니다. 해당 사안에 대해 영향력이 있다는 재량적 권한도 갖습니다. 자신이 참여하여 결정한 사안에 대해서는 주인 된 정신으로 책임감을 공감하며 최선을 다합니다. 따라서 되도록 의사결정 과정에 직원들의 참여를 확대해야 합니다.

앞서 언급한 아코르앰배서더코리아호텔은 자기가 맡은 분야는 자신이 책임지고 일하도록 합니다. 자신이 충분히 할 수 있는데도 상사의 결재를 받느라 일을 중지하는 일이 없도록 합니다. 권대욱 사장은 “직원들에게 주인의식을 가지라고 말하기 전에 그런 환경, 즉 자율을 얼마나 주었는지 되돌아봐야 한다.”고 합니다. 호텔은 자율과 창의를 존중하며 직원에게 일을 맡겨주는 임파워먼트를 중시합니다. 권 사장은 “시켜서 하는 일의 성과는 한계가 있습니다. 창의성은 나오지 못하고요. 간섭하는 순간 여태까지 쌓은 게 다 부질없어지고 직원은 윗사람의 눈치를 보고 자발적으로 움직이지 않습니다. 상사는 부하직원이 하는 일에 불만이 있더라도 일단 끝낼 때까지 참고 지켜봐야 합니다.”라고 말합니다.

직원에 대한 자율성은 GWP(Great Work Place : 〈포춘〉이 선정하는 ‘일하기 좋은 기업’)에서도 드러납니다. GWP는 직원을 행복하게 일하게 하는 프로그램입니다. 금요일에 복장 유연제, 출근시간 선택제 등을 실시함으로써 금요일만큼은 직원들에게 자유를 부여합니다. 직원들이 자유

속에서도 일탈하지 않을 거란 믿음이 있기에 가능합니다(〈HR Insight〉, 2015. 01호).

직원들이 스스로 결정하고 책임지다

직원의 의사결정권을 확대하려면 또한 많은 권한을 위임해야 합니다. 직원이 위임받은 권한으로 스스로 결정하고 책임지도록 해야 합니다. 그래야 심사숙고하고, 신중하고, 역량도 향상됩니다. 권한을 위임하고 불안하여 수시로 간섭하고 통제하려면 처음부터 하지 말아야 합니다. 의심나면 위임하지 말고 위임했으면 의심하지 말아야 합니다. 권한 위임은 직원이 책임감과 주인의식을 갖고 조직의 목표달성을 위해 권한을 사용하리라는 신뢰와 믿음에 기초합니다.

세계 최대의 출판사인 엘스비어(Elsevier)는 세계에서 생산되는 의·과학 논문의 25퍼센트 가량을 출판합니다. 회사의 연 매출이 3조 원을 넘습니다. 엘스비어 지영석 회장은 미국 국적 한국인으로 랜덤하우스 사장을 지냈고, 현재 국제출판협회(IPA) 회장이기도 합니다. 지 회장은 여러 분야의 출판사에서 일하면서 모두 성공을 거둔 요인에 대해 이렇게 말합니다. "결국 사람이다. 나는 직원들 덕분에 성공했다. 좋은 사람들을 뽑고 키우고 그 다음에 가만히 뒀다. 그러니까 그들이 다 알아서 하더라. 나는 직원들에게 간섭을 안 했다. 잘하는 사람들은 간섭하면 정말 싫어한다. 자신이 있는 사람들이니까 그렇다. 잘 하는 사람들을 모아놨는데 왜 잔소리를 하나? 유능한 사람 뽑아서 자신감을 주고 뒤에서 가만히 두고 보면 된다. 넘어져도 가만히 둔다. 도와달라고 먼저 말할 때까지 그대로 둔다. 필요하면 그들이 손을 든다."고 합니다(《국민일보》, 2015. 12. 10).

2013년 미디어마켓 사업부문장 때입니다. 114 사업은 이미 오래 전부터 매년 약 40억 원의 적자를 냈습니다. 그러나 파생상품인 '우선 사업(114로 전화번호 문의 시 광고비를 받은 번호를 우선으로 알려주는 사업)'이 만드는 영업이익 때문에 사업을 지속하고 있었습니다. 적자를 줄이기 위해 여러 가지 방법을 고민했지만 마땅치 않았습니다. 결국 직원의 자연감소에 따른 근무 면적을 줄이는 것을 비롯한 경영효율화를 추진하였습니다. 일부 인력을 '100번센터'로 이동시키고, 근무면적을 축소해야 합니다. 회사가 어려운 상태라고 해도 노사협의회 대표들은 그 심각성을 잘 모릅니다. 저는 노조 및 노사협의회 대표들을 만나 회사 재무 상태 자료를 모두 공개했습니다. 회사가 지금 어떤 상태이고 어느 정도 위기인지를 자료와 함께 모두 알렸습니다. 노사협의회 대표들은 그때야 회사를 믿었습니다. 경영효율화 추진에 협조적으로 바뀌기 시작했습니다. 경영효율화 추진 결과 2014년엔 40억 원 적자 예상을 뒤엎고 처음으로 영업이익 흑자를 냈습니다.

직원들을 믿고 권한을 위임했을 땐 간섭은 하지 말되 권한을 제대로 행사하는지 지켜봐야 합니다. 2013년 114 경영효율화를 추진하는 과정에서 1960년생 이상 컨설턴트 일부 직원을 어쩔 수 없이 명퇴시켜야 했습니다. 처음엔 나이 많은 직원들의 명퇴 신청이 꽤 있었습니다. 그런데 며칠 지나지 않아 철회하는 직원들이 발생했습니다. 직원들과 약속했던 제한된 날짜가 돼서 목표를 채우지 못하고 어쩔 수 없이 마감을 했습니다. 왜 일부 직원들이 신청했다 철회했는지 궁금했습니다. 그런데 제보가 들어왔습니다. 아무개 직원이 "명퇴는 회사 방침이 아니다."라고 헛소문을 퍼뜨렸다는 것입니다. 그래서 명퇴를 신청했던 직원들이 다시 철회했다고 합니다. 한 번 제보가 들어오더니 계속 다른 제보도 들어왔습니다. 감사 결과 점심시간에 여성 팀장들을 데리고 나가 퇴근 때까지 술을 마시고, 토론회라는 명목 아래 팀장들과 하루 종일 술자리를 벌인 것으로 밝혀졌습니다. 사람을 믿고 많은 권한을 위임했는데 그 사람은 권한을 엉뚱한 곳에 사용했습니다. 임직원한테 권한을 위임했으면 제대로 행사하는지 지켜봐야 합니다.

사람중심 경영은 복지 시스템이 아니다

'전통적 경영방식이 사람을 생산요소 차원에서만 취급함으로써 지나치게 인간을 수단화했다면, 사람중심 경영은 사람이 경영의 핵심적 수단으로서 뿐만 아니라, 경영의 목적으로서 대우받아야 하고 또 그럴 수 있다'고 전제합니다(《사람중심경영 실현방안에 관한 연구》, 양혁승).

사람중심 경영은 사람을 목적으로 합니다. 사람의 핵심역량을 경쟁력의 원천으로 합니다. 직원의 자발적인 열정과 헌신을 전제로 하여 글로벌 경쟁을 극복합니다. 따라서 직원이 잠재력을 발휘할 수 있도록, 창조적 아이디어를 내올 수 있도록 환경을 만들고 여건을 조성합니다. 안정적 고용 관계, 권한 위임, 자율적 의사결정 확대, 의사소통이 자유로운 열린 문화, 공정한 인사평가, 인정과 보상, 개인간의 경쟁을 지양하고 팀워크를 통한 시너지 창출 등의 여건이 중요합니다.

잘못 생각하면 사람중심 경영을 맘 좋은 사장의 복지시스템 정도로 생각할 수 있습니다. 외적 규제가 약하고 긴장감도 없는 어떤 시스템 정도로 오해할 수 있습니다. 그러나 사람중심 경영은 높은 도전 의식을 바탕으로 합니다. 기업이 5~10퍼센트 매출을 높이려면 임직원들이 좀 더 열심히 하면 됩니다. 더 정교한 전략을 세우고, 더 많은 사람을 만나고, 더 많이 뛰면 됩니다. 그러나 30퍼센트 이상 매출을 높이려면 열심히 하고 많이 뛰는 것만으로는 안됩니다. 직원의 마음을 움직여야 합니다. 시장의 판을 바꿔야 합니다. 상품의 포지셔닝을 새로 해야 합니다. 큰 변화가 있어야 합니다.

2013년 케이티스(ktis) 부문장 시절, 이미 언급했듯이 매년 40억 원에 이르는 114사업의 영업적자가 큰 문제였습니다. 적자 몇억 줄인다고 영업이익이 크게 달라지지 않았습니다. 그래서 한 번 114사업 적자 전체를 없애보자고 했습니다. 114로 문의하는 통화량(문의호)을 늘릴 수 있는 홍보 광고, 판촉활동, 시장세분화에 따른 주 사용층 집중공략 등을 세워봤습니다. 그러나 인터넷 확산 및 스마트폰의 보급 확대로 감소하고 있는 114 문의호를 늘리는 것은 시대를 역행하는 전략으로 가능성이 없었습니다.

프레임(사고의 틀)을 바꿔 보기로 했습니다. 114 문의호를 늘리는 전략보다 역으로 감소하는 부분에서 찾아보기로 했습니다. 비용을 절감할 수 있는 요인이 있는지 찾아보았습니다. 그래서 찾은 게 문의호 감소에 따른 인력 및 근무 상면 재배치였습니다. 114본부 직원들과의 협의를 시작했습니다. 114사업 적자와 관련된 각종 정보를 모두 공개했습니다. 직원들의 각종 요구사항도 수렴했습니다. 직원들의 공감과 동의를 얻기까지 여러번 만났습니다. 40억 적자를 커버하고도 몇억 원의 흑자까지 냈습니다. 높은 목표도 직원들의 마음을 움직이면 됩니다.

직원들의 높은 도전의식

사람중심 기업경영은 높은 도전의식을 갖게 합니다. 사람중심 경영은 사람을 핵심역량으로 하여 치열한 경쟁을 극복하기 위한 경영방식입니다. 사람을 자산관점에서 경영의 중심에 놓고 목적으로 대우합니다. 사람의 핵심역량을 최고의 경쟁력으로 보고 높은 성과를 기대합니다. 개인간 경쟁이 아닌 팀워크를 기초로 한 더 높은 시너지효과를 창출합니다. 주인 된 자로 책임감을 갖고 자율적 규제하에서 조직에의 충성과 열정을 갖게 하는 게 사람중심 기업경영입니다.

일반 기업에서 직원들은 스스로 높은 목표를 설정하지는 않습니다. 자칫 달성하지 못하면 오히려 질책을 받게 되고 성과급만 깎이기 때문입니다. 직원들은 조직 내에서의 등수에 더 관심이 많습니다. 기업이 성과급이나 승진 티오(TO) 배정을 조직 내 등수에 따라 정하기 때문입니다. 따라서 차기 연도 목표를 정할 때면 목표를 달성할 수 있는 요인들을 숨깁니다. 어떻게 하면 목표를 낮게 받을까 하고 갖은 꾀를 다 동원합니다.

양혁승 교수는 "기업이 조직 내 등수관리를 중심으로 성과 관리를 하는 한 직원들이 스스로 더 높은 목표를 설정하지 않는다."라고 합니다. 사람중심 기업은 상대적 평가에 따라 등수를 매기는 방식보다는 절대적 평가방식으로 직원들로 하여금 도전의식을 갖게 합니다. 상대적 평가의 경우 목표가 낮으면 어렵지 않게 달성할 수 있어 도전적 목표의식을 상실하게 됩니다. 너무 높으면 포기합니다. 아무리 잘해도 더 잘하는 조직이 있어 등수에서 밀리면 성취감을 가질 수 없습니다. 따라서 각 조직이 자율적으로 목표를 정하게 하고 목표 정도와 달성 정도를 함께 평가하는 절대적 평가방식으로 바꾸어야 합니다. 여기에 상대적 등수는 의미 없습니다. 모든 조직이 설정한 목표를 달성하면 모두에게 보상과 포상을 합니다. 그럴 경우 각 조직은 가급적 높은 목표를 설정하고 달성을 위해 온갖 노력을 기울일 것입니다. 무조건 자율에 맡기거나 강제로 요구하는 방식이 아닙니다. 사람들이 자율적으로 할 수 있도록 제도와 여건을 만들어 주어야 합니다.

물론 직원들이 행복하고 즐거운 사람중심 기업은 경영자가 어떤 목표를 설정하지 않아도 직원들 스스로가 높은 도전의식으로 뛰어난 성과를 이뤄냅니다. 왜냐하면, 직원들 모두가 주인정신으로 진정성을 다해 업무에 임하기 때문입니다. 좋은 성과를 내면 그 결과가 고스란히 자신에게 돌아오기 때문입니다. 직원들 모두가 회사가 더 잘되기를 바라고 지속적인 성장을 위해 열정을 다합니다.

멘스웨어하우스, 중국 정저우케이블, 백산주유소 등의 기업들이 사람중심 경영으로 전환하거나 구현하면서 의도적으로 2배, 3배 성과 목표를 정하지는 않았습니다. 경영자는 직원을 존중하며 가족같이 대하고, 각종 경영 환경을 조성하여 주인으로 대우하며 직원의 근무 환경을 개선한 것뿐입니다. 뛰어난 성과로 회사에 보답한 건 직원들이었습니다. 사람중심 기업은 직원들이 스스로 마음을 바꾸도록 감동을 주는 경영입니다. 성과는 직원들의 마음이 움직인 결과입니다.

마케팅연구소에서 구현한 사람중심 경영

2006년 kt마케팅연구소 소장으로 발령받았습니다. 5년간 CEO 업무 총괄을 하느라 하루도 휴가를 가지 못했습니다. 가족한테 미안함도 많고, 다른 업무도 하고 싶어 1년간 국방대학원으로 교육 파견을 갔다 왔습니다. 배려해 준 CEO께 고맙기도 하고 미안함도 있어 임원들이 맡기를 부담스러워 하는 조직이 있으면 맡겠다고 했습니다. 그래서 맡게 된 조직이 마케팅연구소였습니다.

마케팅연구소는 CEO가 기업마케팅의 정립과 과학화를 위해 설립했습니다. 당시 다른 그룹에 경영경제연구소 외에 마케팅연구소가 별도로 있는 경우는 극히 드물었습니다. 초대 연구소장은 Y 대학에서 마케팅을 강의하던 교수를 영입했습니다. 마케팅 분야에서는 이름도 꽤 알려진 교수였기에 기대도 컸습니다.

그러나 마케팅연구소는 1년 만에 최악의 상태가 되었습니다. 10여 명의 연구원이 다른 조직으로 떠나고 남은 연구원은 29명뿐이었습니다. 이렇다 할 연구실적도 내지 못했습니다. 조직은 와해 직전이고 그룹 내에서는 관심 밖의 조직이 되었습니다. 막상 연구소장으로 부임해서 보니 한숨이 절로 나왔습니다. 어디서부터 손을 대야 할지, 무엇을 정비하고 개선해야 할지 막막했습니다. 우선, 전임 소장이 어떻게 했기에 이렇게 됐는지 연구원의 상세한 얘기를 들었습니다. 전임 소장은 마케팅연구소를 대학의 학문연구소처럼 운영했습니다. 소장이 생각하는 방향대로 연구 내용이 진행되지 않으면 심한 질책을 했습니다. 발표 도중에 중단시키기도 했습니다. 연구원들은 자신감을 잃었습니다. 연구원으로서의 자긍심도 빼앗겼습니다. 연구소장의 질책이 두렵다 보니 자율적이고 소신 있는 연구를 할 수 없었습니다. 모든 걸 새로 정립하지 않고는 연구원들의 떠나버린 마음을 되돌릴 수가 없었습니다.

사람중심 경영을 위한 환경 조성

사람중심의 경영철학을 확고히 세우고 실현하기 위한 각종 여건을 조성하였습니다. 연구소의 핵심역량은 연구원들의 연구역량입니다. 연구원의 잠재력과 상상력, 창조성을 어떻게 끌어내느냐가 핵심이었습니다. 우선, 연구원을 부하직원이 아닌 사람으로 존중하고 배려했습니다. 소장으로서의 권위도 모두 내려놨습니다. 좋은 일이건 궂은 일이건 함께 했습니다. 소장이라고 해서 빠지거나 지시만 내리지 않았습니다.

둘째, 각 분야의 전문성을 가진 연구원을 영입했습니다. 마케팅 전공자뿐만 아니라 경제학, 심리학, 언론방송학, 미디어 등 마케팅과 관련된 다양한 분야의 인재를 뽑았습니다. 연구원 면접할 때는 소장이 반드시 참석했습니다. 사마천의 《사기》 이사열전(李斯列傳)에는 이런 대목이 있습니다. “태산은 한 줌의 흙도 양보하지 않아 그렇게 높아질 수 있고 강과 바다는 작은 물줄기도 가리지 않아 그렇게 깊어질 수 있는 법입니다.” 이방인들을 내쫓으라는 대신들의 건의를 진나라 왕이 받아들이자 초나라 출신 이사(李斯)가 올린 글입니다. 천하를 제패할 뜻이 있다면 출신과 성별을 가리지 않고 찾아오는 인재를 중용해야 한다는 말입니다. 왕은 이 말에 감복하여 자신의 명을 취소하고 이사의 벼슬을 높여주었습니다.

셋째, 연구원이 핵심역량을 최대한 발휘할 수 있도록 각종 여건을 조성하여 회사에 대한 애정과 진정성을 이끌어 냈습니다. 우선 마케팅 연구소는 학문 연구소가 아니라 회사가 마케팅 전략을 수립할 때 도움을 줄 수 있는 실무 연구소라는 성격을 명확히 했습니다. 학문 연구를 원하는 사람은 학교로 돌아가라고 했습니다. 회사의 마케팅 전략 수립에 기여해야 하고 사업별 상품별 성공을 위한 연구를 해야 했습니다. 과제를 선정할 때는 사업 성공을 위해 필요한 내용을 수집할 뿐 아니라 각 본부에서 연구용역을 받았습니다.

넷째, 자율성을 보장했습니다. 시간 통제를 하지 않았습니다. 자신의 시간은 자신이 관리하도록 했습니다. 출퇴근 시간을 별도로 통제하지 않았습니다. 회사 근무를 하면서 사적인 일을 처리하려면 조퇴를 하거나 휴가를 내야 합니다. 그러나 연구소는 근무시간 중에도 필요한 경우 사적인 일을 처리할 수 있도록 했습니다. 팀이나 부서에서 직원 간에 협의로 자율적으로 조정했습니다.

다섯째, 연구원 전체가 연구 내용을 공유하도록 했습니다. 연구 초안이 완성되면 전체 연구원들에게 발표하고 다른 연구원의 의견을 반영하여 수정하도록 했습니다. 물론 수정 여부는 연구과제를 담당한 팀에서 결정합니다. 자신의 연구에 대해 자존심과 자긍심이 강한 연구원이기에 처음엔 반발도 했습니다. 연구소 내 소위 빅마우스(자기주장이 강한 연구원들)를 만나 이해시키고 설득했습니다.

여섯째, 대신 모든 성과는 과제를 수행한 연구원의 공으로 만들어 주었습니다. 전임 소장 때는 완성된 연구과제에 대해 연구소 명의로만 발표했습니다. 연구소 명의의 연구과제를 연구원 명의로 모두 바꿨습니다. 책임은 연구소가 지되 성과는 담당 연구원 몫으로 주었습니다. 연구원의 책임성이 월등히 높아졌습니다. 연구성과를 개인과 팀으로 돌려주겠다고 하자 연구원들은 수긍하기 시작했습니다.

일곱째, 개인별 연구를 지양하고 3~4명씩 팀을 만들어 팀별 연구를 하게 했습니다. 시장주의적 개별 경쟁은 자칫 조직을 병들게 할 수 있을 뿐 아니라 조직의 단합을 해칠 수 있습니다. 개인주의적 성향이 강한 연구원들의 팀워크를 활성화하기 위해서 가급적 과제 수행은 팀별로 했습니다. 연구원은 혼자 연구하는 경향이 강하며 연구 내용에 대한 아집도 강합니다. 그러나 연구과제 내용이나 범위가 혼자서 수행하기엔 어려움이 많았습니다. 기업에서 사업이나 상품 관련 마케팅연구는 업무의 상호연계성이 높고 복잡하여 개인별로 과제를 수행하기는 어렵습니다. 하나의 연구과제를 수행하기 위해서는 여러 분야의 전공자가 필요했습니다. 조직을 활성화하기 위해 팀제 운영 외에 금요일 오후 시간을 부서별로 자유롭게 이용하도록 했습니다. 금요일 오후에 여행가는 부서, 밖에서 자연을 즐기는 부서, 운동하는 부서 등등 나름대로 시간을 활용했습니다. 약 6개월이 지나자 연구소는 어느 조직보다도 함께 모이고 함께 즐기려는 기운이 넘쳐흘렀습니다.

한 예로 몇몇 부서에서 다 같이 야구연습을 했습니다. 약 2주 정도가 지났을 때 솔루션본부에서 시합을 하자는 제의를 해 왔습니다. 솔루션본부 야구팀은 발족한 지 2년이나 되었고 매주 토요일마다 연습하는 정규팀입니다. 이제 연습 2주에 불과한 우리로서는 해보나 마나 뻔한 게임이었습니다. 처음엔 "무슨 소리 하냐?"고 손사래를 했으나 연구원들은 한번 해보자고 했습니다. 콜드게임으로 지더라도 우리로서는 크게 창피할 것도 없었습니다. 솔루션본부는 야구경기복도 갖춰 입었지만 우리는 평상시 복장 그대로였습니다. 연구소는 60여 명에 불과하지만 전 직원이 함께 응원하면서 게임을 즐겼습니다. 솔루션본부는 업무가 많았는지 선수 외에 불과 10여 명만 응원할 뿐이었습니다. 경기 결과 우리는 예상을 뒤엎고 6 대 5로 승리를 챙겼습니다. 실력으로는 솔루션본부에 한 수 모자라는 수준이지만 연구소는 승리했습니다.

여덟 번째, 분기별로 우수과제와 최우수과제를 선정하여 팀원 모두에게 유럽여행과 동남아여행을 보냈습니다. 대리, 과장, 부장, 상무 등 직급별로 구성된 평가위원회를 만들었습니다. 상위 직급자건 하위 직급자건 각 한 표씩만을 행사할 수 있도록 함으로써 상위 직급자의 일방적인 주장이 강요될 수 없게 제한했습니다. 연구원들은 해외여행 포상을 특히 좋아했습니다.

아홉 번째, 분기별로 워크숍을 갔습니다. 개인성향이 강한 연구원 조직의 활성화를 위해서는 서로 부딪치고 함께 고민하고, 즐기는 문화가 필요했습니다. 워크숍에선 절대 회사 관련 토론이나 얘기를 하지 못하게 했습니다. 회사 일을 회사 밖에까지 가지고 나와 스트레스 받지 않게 했습니다. 워크숍은 개인적으로는 어려운 다양한 체험과 경험을 할 수 있도록 프로그램을 짰습니다. 서바이벌 게임, 산악오토바이 체험, 치즈 만들기, 등산, 조개 캐기 등등. 워크숍에 가서 수행할 체험이나 프로그램은 연구원들의 투표로 결정했습니다. 각자 아이디어를 내도록 했고 연구원 전체 투표로 결정했습니다.

열 번째, 평가의 공정성을 엄격하게 지켰습니다. 인사고과나 연구과제를 평가할 때 선배라서, 선임자라서, 상위 직급자라서 성과와 관계없이 좋은 평가를 받는 일이 없도록 했습니다. 인사고과의 경우 사전 예고제를 시행했습니다. 즉, 담당 부장이 연구원들에게 개인별로 평가한 예비 고과를 알려주고 개인별 상담을 했습니다. 연구원들은 자신의 고과에 불만이 있으면 상담 시 소명할 수 있습니다. 그렇게 해서 1차로 정해진 고과는 연구소 전체적으로 조정단계를 거칩니다. 소장이 임의로 하지 않고 부장 이상의 직급으로 구성된 평가위원회를 만들어 조정했습니다. 조정된 내용에 대해 불만이 있는 연구원은 평가위원회에서 해명 기회를 주었습니다. 2년간 마케팅연구소를 운영하는 동안 평가와 관련된 잡음은 거의 없었습니다.

열한 번째, 연구원들의 능력을 향상시키고 연구역량을 강화하기 위해 2주에 1회 외부 강사를 초빙하여 마케팅 관련 강의를 들었습니다. 연구원들 모두가 석·박사 학위자이긴 하지만 새로운 트렌드나 이론들을 늘 접할 수는 없습니다. 연구원들이 원하는 내용으로 강의주제를 선정했습니다. 여러 관련 분야에서 연구실적이 우수한 강사들을 초빙하자니 교육비가 만만치 않았지만 다른 부분에서 아꼈습니다. 2년 재임 동안 빠지지 않고 했습니다. 마케팅을 비롯하여 심리, 언론 방송, 사회변화, 뇌과학 등 마케팅과 조금이라도 연관성이 있는 분야라면 마다하지 않고 다루었습니다. 강의 이후엔 마케팅연구소에서 필요할 때 언제나 자문할 수 있는 강사 풀을 만들어 운영함으로써 내부역량과 외부 역량을 결합할 수 있었습니다.

열두 번째, 많은 부분을 연구원이 스스로 결정하고 책임지도록 했습니다. 연구과제를 선정할 때, 인사고과를 평가할 때, 우수과제를 선정할 때, 워크숍 프로그램을 결정할 때 등등 연구소 중요 사항을 결정할 때 모든 연구원이 참석했습니다. 연구소장이나 상무나 부장이나 연구원이나 모두 한 표씩만을 행사하게 했습니다. 연구 관련 서베이 업체를 선정하는 일과 같이 크게 중요하지 않은 일은 팀별로 자율적으로 결정했습니다. 업체 선정 시 지인 업체나 로비 등으로 부정이 개입될 수 있지만 연구원을 믿고 간여하지 않았습니다. 연구원에게 의사결정권을 주면서 많은 권한도 위임했습니다. 직원이 위임받은 권한으로 자기 책임 하에 스스로 결정할 수 있도록 했습니다. 스스로 결정하고 책임지게 해야 심사숙고하고, 역량도 향상됩니다. 권한을 위임하고 불안해서 수시로 간섭하고 통제하려면 처음부터 하지 않아야 합니다. 의심나면 하지 말고, 위임했으면 의심하지 말아야 합니다. 권한 위임은 직원 스스로가 책임감과 주인의식을 갖고 조직의 목표달성을 위해 권한을 사용하리라는 신뢰와 믿음에 기반을 둡니다.

연구원이 위임받은 권한으로 결정하고 책임질 수 있게 하려면 각종 회사정보를 알아야 합니다. 절대적으로 보안이 요구되는 내용을 제외하곤 연구소장이 알고 있는 회사 정보를 연구원들과 늘 공유했습니다. 정보는 곧 권력이라는 말이 있듯이 간부는 마치 큰 비밀이나 알고 있는 듯 직원들에게 숨기거나 정보를 과시하는 경우가 많습니다. 개인간의 경쟁을 통한 성과주의 경영형태나 기업문화에서는 정보공유는 쉽지 않습니다. 정보가 곧 힘이고 경쟁력인 기업에서 정보공유는 결과적으로는 자신의 경쟁력을 약화시키고 이익을 해치기 때문입니다. 정보를 공유하면 조직 전체적으로 이익이 되고 그 결과 자신에게도 좋은 평가나 포상 등으로 되돌아올 때 직원들은 정보를 공유합니다. 정보는 공유하면 힘이 되고 책임은 나누게 됩니다.

이렇게 시스템을 만들고 나니 연구소장은 크게 할 일이 없어졌습니다. 연구원들과 늘 함께하고 형과 동생같이 어울렸습니다. 연구원과 개별 면담도 했습니다. 혹시나 말 못하는 가정사나 개인 관련 고민, 어려움이 없는지 파악했습니다. 출근하면서 부인이나 남편과 말다툼이라도 하고 나오면 그날은 종일 우울하고 일이 되지 않습니다. 하루 24시간 중 적게는 3분의 1에서 2분의 1 정도를 회사에서 보냅니다. 개별 면담은 직원 개개인에 대한 상세한 내용을 알 수 있었습니다. 회사생활이 즐겁지 않으면 인생이 즐거울 수 없습니다. '회사생활을 즐겁게 하자!'가 제 모토였습니다. 직원의 생일에는 케이크와 와인을 직접 쓴 카드와 함께 배달했습니다. 오후 3시엔 생일 맞은 직원을 조기 퇴근시켰습니다. 가족과 함께 시간을 보낼 수 있도록 했습니다.

연구소는 1년에 약 75과제 정도를 수행했습니다. 과제 하나를 완료하는데 최소 1개월에서 3~4개월이 소요되는 만큼 적지 않은 과제를 했습니다. 완결된 과제는 관련 본부 임직원들이 모인 자리에서 발표하고 CEO에게 요약 보고함으로써 마케팅 전략 수립에 큰 도움이 되도록 했습니다. 여러 본부에서 연구의뢰가 들어왔으며 마케팅연구소에 대한 신뢰가 높아졌습니다. 전사 마케팅 전략을 수립함에 있어 마케팅 연구소를 빼고서는 할 수 없게 되었습니다. 연구원도 60여 명으로 늘어났습니다. 2006년 전사 기관평가에서 꼴찌를 했던 마케팅연구소는 1년 후인 2007년 1등을 했습니다. 직원들은 175퍼센트의 인센티브를 받았습니다.

1등 하지 말자—영업현장에서의 사람중심 경영

2009년 새로운 회장이 취임하면서 충북본부장으로 발령 났습니다. MB 정부가 들어선 후 KBS 사장이 바뀌고, 포스코 회장이 바뀌고, 다음으로 케이티 회장이 바뀌었습니다. kt는 2002년 민영화 이후 정부 주식이 한 주도 없는 민영기업이지만 대주주가 없는 국민기업입니다. 많은 간섭과 압력이 들어왔으나 2008년 당시 CEO는 단호히 거절했습니다. 임직원들의 신망을 받던 CEO는 "정부의 부당한 간섭을 배제하고 경영효율화를 위해 민영화했는데 여기서 물러설 수 없다."고 했습니다. 그러자 정부는 CEO에게 올가미를 씌웠습니다. 결국 정부의 간섭과 압력에 맞섰던 CEO는 큰 힘 앞에 사직할 수밖에 없었습니다. 그 후 일찍이 윗선에서 내정했던 신임 CEO를 규정까지 바꾸는 해프닝을 겪으면서 선정했습니다. 공모과정에서 경쟁사 사외이사 경력으로 부적격 논란이 있었지만, 정권의 지원 속에 입성에 성공했습니다.

충북본부는 공공기관과 기업을 상대로 영업하는 조직입니다. 일반적으로 영업은 어렵다고 합니다. 본부장은 목표 달성을 위해 영업사원들을 다그치고 몰아붙입니다. 충북본부를 어떻게 경영하고 관리해야 할지 고민이었습니다. 마케팅연구소는 연구소라는 특성상 사람중심 경영이 성과를 낼 수 있었지만 영업에서도 가능할까? 직원들을 통제하고 다그치지 않고도 원하는 성과를 낼 수 있을까? 직원들의 열정과 헌신성을 기대할 수 있을까? 며칠을 생각했습니다. 영업도 사람이 하는 건데 영업의 중심에 사람을 세워보자고 했습니다. 물론 그 결과가 좋지 않으면 그것 또한 본부장이 짊어져야 할 책임입니다.

처음 해보는 영업이었습니다. 전략기획과 마케팅만 하다가 영업을 하는 것이 생소했지만 전부터 한번 해보고 싶었습니다. 충북본부장으로 발령 나는 과정이야 어떻든 영업을 한번 해보고 싶었던 터라 부담이 크지 않았습니다. 기업에서 마케팅과 영업을 하면 그 다음엔 뭐든지 할 수 있을 것 같았습니다. 고객들을 직접 만나고 발로 뛰어야 하는 현장입니다.

일등하지 말자

우선 목표를 정했습니다. '일등하지 말자.' 이등하지 말자도 아니고 누구나 하고 싶어 하는 일등을 하지 말자고 했습니다. 하다 보니 결과적으로 일등하는 건 어쩔 수 없지만 공연히 목표로 하지는 말자고 했습니다. 회사가 본부간에 등수를 매기는 상대적 평가방식을 채택하고 있지만 개의치 않았습니다. 직원들은 어리둥절했습니다.

"본부장님, 혹시 '이' 자를 '일' 자로 잘못 쓴 것 아닙니까?"

직원들은 본부장이 무슨 뚱딴지같은 소릴 하는지 모르겠다는 눈치였습니다. '이' 자를 '일' 자로 잘못 말한 것도 아니고 일부러 장난한 것도 아닙니다. 일등을 하면 높은 성과로 본부장은 더 좋은 곳으로 발령 날 수도 있습니다. 직원들도 첫해에는 인센티브를 조금 더 받을 수 있습니다. 그러나 그다음 해부터는 더 높게 설정된 목표 때문에 직원들이 많은 고생을 합니다. 과거 모든 본부장은 하나같이 더 높은 성과 달성을 위해 직원들을 몰아붙였습니다. 직원들은 높은 목표를 달성하느라 매일 시달려야 했습니다. 그런데 일등하지 말자고 하니 처음엔 믿지 않았습니다. '본부장 바보 아냐' 하는 눈치였습니다.

근무시간도 마케팅연구소에서와 같이 직원 스스로가 자율적으로 관리하라고 했습니다. 직원들에게는 "내 시간도 관리하기 힘든데 왜 내가 여러분 근무시간까지 관리해야 합니까? 알아서 하세요." 했습니다. 물론 그렇게 해도 직원들은 맘대로 하지 않습니다. 최소한 사적인 일이 생길 때 눈치 덜 보고 하라는 의미였습니다.

조직을 3~4명의 팀으로 나누고 선임자를 팀장에 임명했습니다. 개인별 경쟁이 아니라 팀별로 고객사를 분석하고 영업 전략도 짜서 활동하도록 했습니다. 고객을 만날 때 필요한 영업비용 및 차량유류비도 다른 비용을 아껴 조금이지만 지급했습니다. 인사평가도 연구소 때와 같이 엄격하게 했습니다. 선배이기에, 선임자이기에 공짜로 좋은 평가를 받는 사례를 일체 배제했습니다. 직원을 존중하고 친구처럼, 형과 동생처럼 지냈습니다. 가정 내 어려운 문제는 없는지 파악하고 개별 면담도 했습니다. 필요한 경우엔 모금도 해서 도와주기도 했습니다. 발령 받고 얼마 후 본부 전 직원 저녁 식사를 했습니다. 저녁을 빙자한 회식이었습니다. 직원들한테 한 잔씩 술을 따라주는데 한 직원이 갑자기 무릎을 꿇고 술을 받는 것이었습니다. 깜짝 놀랐습니다.

"왜 그러세요?"

"과거부터 본부장님이 술을 따라줄 때는 이렇게 했습니다."

"세상에, 군대조직도 아닌데 이러면 안 됩니다."

"제가 회사 내에서는 업무상 본부장으로 여러분의 상사이지만 밖에 나와 술자리에서까지 본부장은 아닙니다."

바로 자세를 편안하게 고치도록 했습니다. 직원들한테는 이런 본부장이 외계인이었습니다. 그 자리에서 형과 동생으로 호칭을 바꿔 불렀습니다.

직원들을 믿다

변함없이 일관되게 사람중심의 경영방식을 구현해 나가자 처음엔 믿지 않았던 직원들이 차츰 본부장을 신뢰하기 시작했습니다. 사무실에서 서로 편하게 얘기하고 농담도 할 수 있게 되었습니다. 두 세 달이 지나자 본부장은 특별히 할 일이 없어졌습니다. 직원들은 믿음에 보답했습니다. 본부장이 이래라저래라 할 필요가 없어졌습니다. 영업활동하면서 본부장이 만나야 할 사람 리스트를 만들어 달라고 했습니다. 직원이 만나기 어려운 직급의 사람은 본부장이 만나 영업 활동을 했습니다. 현장과 괴리된 본사의 각종 지시에 대해서는 소리 높여 싸웠습니다.

강압적이고 권위적인 새로운 CEO가 부임한 후 얼마 지나지 않았을 때였습니다. 영업직원은 업무용 책상이 필요치 않으니 책상 3분의 1을 없애라는 지시가 내려왔습니다. 영업하러 나가면 빈 책상들이 많으니 사무실에 들어오는 영업직원은 빈 책상에서 업무를 보면 된다는 거였습니다. 그렇게 해서 남는 공간은 임대를 준다고 합니다. CEO의 직접 지시였는지 CEO에게 잘 보이려는 어떤 충성스런 담당 임원의 계획이었는지는 모릅니다.

참으로 한심했습니다. 현장을 몰라도 너무 모르는 지시였습니다. 당시 새로 부임한 CEO는 공무원 때부터 무섭기로 소문난 분이었습니다. 감사 결과 책임을 물어 본부장들을 마구 해임했습니다. 보고 과정에서 CEO가 묻는 경영 관련 수치를 모르면 그 자리에서 20~30분간 질책을 당했습니다. 절대군주 같았습니다. 전임 CEO와는 달라도 너무 달랐습니다.

아무리 영업사원이라고 해도 자기 책상이 없는 회사가 어디 있습니까? 직원들 책상을 빼서 여유 공간을 만들었다고 해도 임대를 줄 수 있는 정도의 공간은 안 되었습니다. 현장도 모르고 직원 마음도 모르는 지시였습니다. 그런 사람이 임원이나 경영자라고 앉아 있었으니 회사가 제대로 될 리가 없었습니다. 본사와 싸우고 부당성을 설명하고 설득하고 갖은 방법을 다 썼습니다. 결국 문제가 발생하면 본부장이 책임지는 조건으로 충북본부에서는 책상을 빼지 않았습니다.

봄, 가을 두 번에 걸쳐 본부별로 체육대회를 합니다. 직원 1인당

2만 원씩이 배정되어 그 돈으로 그날 비용을 처리합니다. 봄에는 업무가 바빠 체육행사를 못했습니다. 가을이 되어 체육행사 대신 1박 2일 워크숍 계획을 세웠습니다. 영업직원한테 가장 중요한 것 중의 하나는 '사기'였습니다. 지치고 힘든 직원들의 기운을 북돋워 주고 다시 열정을 갖게 하기 위해서는 이벤트가 필요했습니다. 그런데 전사 일률적으로 예산절감 계획이 내려왔습니다. CEO의 강력한 비용절감 지시로 전 조직이 허리띠를 졸라매야 했습니다. 자발적으로 모든 조직이 워크숍을 중지하는 등 강도 높게 추진했습니다. 그렇지 않으면 다 해임될 것만 같았습니다. 상황이 이러하니 직원들이 먼저 걱정을 했습니다. 워크숍 가도 되는 건지? 갔다가 본부장이 불이익을 당하는 것은 아닌지 등등. 사실 고민도 되고 걱정도 됐습니다. 모든 조직이 가지 않는 워크숍을 갔다 해임되는 건 아닌지, 내년도 보직을 받지 못하는 건 아닌지.

그러나 '워크숍을 가지 말라'고 지시가 내려온 것은 아니었습니다. 전사 비용절감 분위기에 모두 겁내고 몸을 움츠리느라 스스로 포기한 것입니다. 비용은 크게 들이지 않아도 됩니다. 봄 체육행사를 하지 못해 비축한 것과 가을 체육행사용 비용을 합하면 크게 부족하지는 않았습니다. 비용절감보다 더 중요한 건 직원들의 행복이고 동기부여였습니다. 규정에 어긋난 행동을 하는 것도 아닌 만큼 워크숍을 가기로 했습니다. 부족한 비용 일부는 본부장이 기부했습니다. 직원들이 하고 싶다고 한 크레이 사격도 하고, 워크숍 장소에 운동장이 있어 체육행사도 했습니다. 회사 일은 하나도 생각하지 말자고 했습니다. 그야말로 웃고 즐기는 시간만 갖도록 했습니다. 다음날 아침은 부서별로 아침

요리 대회를 열었습니다. 비용절감 차원이기도 하고 부서별 팀워크도 활성화할 겸해서 추진했습니다. 부서원끼리 역할을 맡아 요리를 했습니다. 어느 요릿집 부럽지 않을 정도로 너무 맛나서 차등을 둘 수 없었습니다. 직원들 모두가 맘껏 즐겼습니다. 한 직원은 자신이 kt에 입사한 이래 이렇게 행복한 시간은 처음이라고 했습니다. 믿고 맡기면 할 수 있는데 대부분 경영자는 믿지 못하고 의심하고 간섭합니다. 믿지 못해 초래되는 결과는 더 나쁘다는 걸 모릅니다.

충북본부는 1분기에 하지 말자던 일등을 했습니다. 전국 18개 본부 중 일등을 했습니다. 저도 놀랐지만 직원들로 놀랐습니다. 그런데 본사에서 곧바로 2분기 매출목표를 재조정했습니다. 이해할 수 없는 처사였습니다. 충북본부는 재설정 결과 엄청난 목표를 다시 부여받았습니다. 과중한 매출목표 재설정에 직원들은 어이없는 긴 한숨만 내쉴 뿐이었습니다. 그랬습니다. 그때는 본사의 경영층이 정상이 아니었습니다. 원칙도 기준도 없었습니다. 그저 무서운 CEO의 질책을 피하기 바빴습니다. CEO한테 잘 보이기 위한 정책만 세울 뿐이었습니다.

노느니 뭐라도 해야지

이런 일도 있었습니다. 영업이익률이 10퍼센트를 넘지 않으면 통신공사 수주를 하지 못하도록 했습니다. 세상에! 당시 지역의 통신공사는 상당 부분 kt가 수주했던 시절입니다. 경쟁사는 교두보를 마련하기 위해 원가 이하로 입찰가를 써내기도 해 어려움이 많았습니다. 영업이익률 10퍼센트는 높은 숫자였습니다. 그런데 10퍼센트 이하 공사는 신청도 하지 말라니 지역본부마다 눈뜨고 포기하는 사례가 줄지었습니다. 그로 인한 손실도 수개월 만에 8백여억 원에 달했습니다. 도저히 그냥 있을 수가 없었습니다. CEO께 말씀드려 지시를 바꾸게 해달라고 부문장한테 얘기했습니다. 부문장은 괜히 말했다가 곤혹만 치를 수 있다며 못하겠다고 했습니다. 모든 임원이 사업에 바쁜 게 아니라 CEO 눈치 보기에 바빴습니다.

이대로 두고 볼 수는 없었습니다. CEO 지시라도 잘못된 것 수정해야 합니다. 회장 주제 전국 본부장 화상회의가 개최되었습니다. 두근거리는 가슴을 누르며 문제를 제기했습니다. 잘못된 얘기를 하는 것도 아닌데 모두 겁을 먹고 못하니 저라도 해야겠다고 생각했습니다. 지금 생각하면 그때 뭘 믿고 그랬는지 모르겠습니다. 저라고 CEO 회장이 무섭지 않았겠습니까? 얘기를 다 들은 CEO는 "노느니 뭐해, 1퍼센트라도 벌 수 있으면 해야지." 했습니다.

충북본부는 과중하게 조정된 목표를 100퍼센트 달성하지는 못했지만 연말에는 상위권까지 올라갈 수 있었습니다. 지금도 그때 그 직원들의 그리운 모습이 떠오릅니다.

제2장

경영의 중심에 사람을 세우다

비전이 없으면 미래도 없다

비전은 기업의 등불이며 가야 할 방향입니다. 미션 또는 사명이 기업의 존재 이유(경영이념으로 표현)라면 비전은 기업이 꿈꾸는 미래이기도 합니다. 사람중심 기업의 비전은 직원들의 바람과 꿈과 희망입니다. 회사 비전은 곧 직원 자신이 달성해야 할 꿈이기도 합니다. 직원 모두의 꿈이 모여 회사 비전이 됩니다. 일반 기업들도 어떤 형태로든 멋있는 비전을 만듭니다. 대외적인 홍보용으로 만든 곳도 있고, 추상적인 영어 단어를 사용하여 글로벌하게 만드는 기업도 있습니다.

현대자동차의 비전은 '자동차에서 삶의 동반자로'입니다. 삼성전자는 CES 2015 미국 라스베이거스에서 프레스 컨퍼런스를 열고 '소비자가 꿈꾸는 삶을 실현시키는데 기여하겠다.'라는 비전을 제시했습니다. SKT는 'Partner for New Possibilities 100&100'입니다. LG 그룹은 '일등 LG', GS 그룹은 '모두가 선망하는 Value No.1 GS'입니다. kt 그룹은 '글로벌 1등 kt'입니다.

모든 비전이 멋있고 거창합니다. 그럴싸한 비전을 만드느라 기업 전담반이나 외부 컨설팅 회사들이 고민 많이 했을 것입니다. 그런데 비전만으로는 뭘 어떻게 하겠다는 것인지 잘 모르겠습니다. 비전이 직원들 가슴에 간절함이나 절실함으로 다가오지 않습니다. 회사의 비전에 자신의 비전을 맞출 수 있을까요? 기업의 비전을 달성하면서 자신의 비전도 달성할 수 있을지 의문이 갑니다.

위의 그룹들은 자신이 몸담은 회사의 비전이 무엇이어야 하는지 직원을 상대로 조사해 본 적이 있을까요? 그렇게 해서 비전을 정했다는 대기업에 대한 얘기를 아직 들어본 적이 없습니다. 대부분은 외부 컨설팅회사에 의뢰해서 만듭니다. 직원들이 바라고 원하는 비전은 아니지요. 윗선에 보고하고 외부에 공표하기 위한 홍보용 비전입니다. 회사의 비전이지만 '나와는 너무 먼 당신'입니다. 그래서 회사 비전은 직원들한테는 늘 관심 밖의 슬로건에 불과합니다. 특별히 관심을 두지도 않습니다. 직원들의 바람과는 다른 기업의 비전과 나의 비전을 맞춰보는 직원도 없습니다. 기업의 비전을 실현하는 과정에서 나의 비전을 이루려고 하는 직원도 없습니다. 회사 비전을 달성하면서 내 비전을 이룰 수 있는지 고민할 이유도 없습니다. 직원들이 주도하지 않았기 때문에 따르려고 하지도 않고 책임도 지려 하지 않습니다. 자신의 삶과는 상관없는 비전이라 관심조차 없습니다. 글귀는 멋있는데 도대체 뭔 소리 하는지 모르겠어요. 너무 추상적이라 가슴에 와 닿지도 않아요.

직원들의 희망과 꿈과 미래가 담긴 비전

비전이 좀 투박하면 어떻습니까? 멋있는 글귀가 아니면 어떻습니까? 좀 세련되지 않으면 어떻습니까? 글로벌 냄새가 안 나면 어떻습니까? 직원들의 희망과 기대와 의지가 담겨 있으면 되는 것 아닌가요? 꼭 수천만 원, 수억 원씩 주면서 외부 업체에 맡겨야 하나요? 직원들이 원하는 비전을 만드는 거 어렵지 않습니다. 시간이 좀 걸리더라도 부서별로, 본부별로 직원들의 의견을 모아 만들면 됩니다. 직원은 회사 비전을 만들면서 자기의 비전을 회사 비전에 반영하고 스며들게 할 겁니다. 나의 미래와 회사의 미래를 함께 그리는 것입니다. 회사 비전을 달성하면서 내 비전도 함께 달성하기 위해서죠. 그래야 회사 비전을 달성하기 위해 열정을 다하지 않을까요? 비전과 철학이 맞지 않으면 직원은 떠납니다. 비전은 직원을 떠나게도 하고, 열정을 쏟게도 합니다. 따라서 비전은 직원들의 꿈과 미래를 담아내야 합니다.

어떤 일이건 직원들이 주도적으로 뜻을 관철하면 그 결과도 기꺼이 책임지려 합니다. 그러나 책임지고 싶지 않으면 슬그머니 뒤로 빠집니다. 주연이 아니라 엑스트라가 되려고 합니다. 직원들은 자신들이 주도적으로 만든 비전에 대해서는 기꺼이 책임지려 합니다. 내가 만든 비전이기에 달성했을 때 기쁨과 행복도 훨씬 큽니다. 제대로 되겠냐? 시간이 오래 걸리지 않느냐? 등등 부정적인 의심부터 하는 사람 많습니다. 그런데 그런 사람은 한 번이라도 시도해 봤는지 궁금합니다.

마케팅연구소에서 일할 때 회사에서 본부마다 슬로건을 하나씩 만들라고 했습니다. 연구원들에게 슬로건을 하나씩 만들어 내라고 했습니다. 연구소 직원 수만큼 많은 슬로건이 모였습니다. 직원과 간부들로 구성된 선정위원회를 만들어 평가했습니다. 우리의 뜻을 가장 잘 담았다고 생각되는 슬로건을 하나 선정한 후 수정을 거쳐 확정했습니다. 직원들은 명함을 만들 때 맨 위에 빨간 글씨로 슬로건을 새겼습니다.

2013년 ktis 미디어마켓사업 부문장 때입니다. 114에 전화를 걸면 컨설턴트가 “사랑합니다. 고객님!”하고 응답합니다. 몇 년간 이 응답 멘트를 사용했습니다. 짓궂은 사람들은 여직원한테 “왜 날 사랑하느냐?”,“어디까지 사랑하느냐?” “우리 만나자.” 등등 농담부터 성희롱에 이르기까지 여성 컨설턴트를 힘들게 했습니다. 그래서 응답 멘트를 바꾸기로 했습니다. 직원 몇 명이 고민하는 것을 지양하고 114 전체 직원들한테 공모했습니다. 그렇게 해서 새로 만든 멘트가 “힘내세요. 고객님!”이었습니다. 경제 상황이 좋지 않아 많은 사람이 어려워할 때였습니다. 그래서 고객을 응원하는 메시지로 정했습니다. 농담과 성희롱 장난 전화가 없어졌습니다. 고객이 오히려 직원들한테 “아가씨도 힘내세요.”라고 격려해 주었습니다. 멘트는 여러 언론과 방송을 타고 인터뷰 요청까지 들어왔습니다. 직원을 믿어주면 됩니다. 직원이 잠재력을 발휘하도록 여건을 만들면 됩니다. 직원들이 원하는 것으로, 원하는 방식으로 만들면 됩니다.

비전은 직원들의 열망을 담아내야 합니다. 직원들의 꿈을 담아내야 합니다. 직원들의 미래상을 그려내야 합니다. 직원들을 흥분시킬 만한 내용이어야 합니다. 미국의 포드자동차는 1903년 설립했습니다. 1908년 자동차의 대중화 시대를 연 모델 T를 생산했습니다. 당시 자동차는 직원 1년 월급과 맘먹는 가격이라 직원들이 타고 다니기엔 너무 비쌌습니다. 그래서 포드자동차는 전 직원이 포드자동차를 타고 출근할 수 있게 하자는 비전을 만들었습니다. 몇 년 후 모든 직원은 포드자동차를 타고 출근을 했습니다. 도전적이되, 구체적이며 현실적이어야 합니다. 도달했을 때 상상해볼 수 있어야 합니다.

기업이 사는 길은 고객가치 창출

기업이 살아남기 위해서는 이익을 내야 합니다. 이익이 없으면 회사가 아닙니다. 그럼 어떻게 해서 이익을 낼까요? 고객한테 제품이나 서비스를 판매하여 이익을 냅니다. 산업시대 소비자는 제품의 특성과 속성, 기능을 보고 구매했습니다. 청소 능력을 보고 청소기를 구매했습니다. 세탁 성능이 뛰어난 세탁기를 구매했습니다. 소비자들은 더 새롭고 뛰어난 제품을 선호했습니다. 최신 제품을 좋아했습니다. 따라서 기업은 모든 경쟁력 우위를 제품에 두었습니다. 획기적인 제품을 개발하거나 기능과 성능을 개선하는 데 주력했습니다. 기업의 업무는 제품을 생산하고, 그 제품을 마케팅하고 판매하는 것이었습니다.

그러나 변화의 바람이 불기 시작했습니다. 1970년대 이후 기술의 발전 속도가 엄청나게 빨라졌습니다. 첨단기술이 몇 달 또는 몇 주 만에 그 자리를 내놔야 했습니다. 기업간 경쟁은 국경을 넘어 글로벌 세계시장으로 장소가 옮겨졌습니다. 소비자의 행동도 바뀌었습니다. 소비자가 영리해졌습니다. 불만이 있으면 항의하고, 입소문 내고 소송도 불사합니다. 소비자의 영향력도 커졌습니다. 자신이 원하는 것을 얻기 위해 생산에까지 참여하여 의견을 개진합니다. 소비의 목적도 달라졌습니다. 제품의 속성이나 기능을 보고 구매하는 시대는 지났습니다. 소비에서 얻어지는 기쁨, 과시, 만족, 욕망 충족, 품위, 행복 등을 위해 구매합니다. 개성이나 가치 중심의 소비문화가 형성되면서 소비자의 심리를 꿰뚫는 감성이 구매 결정에 점차 중요한 역할을 하게 되었습니다.

1970년대 이후의 사회변화는 지식이 핵심 경쟁력인 지식기반 사회로의 이동입니다. 또한 국가권력의 시장개입을 비판하고 시장의 기능과 민간의 자유로운 활동을 중시하는 신자유주의의 등장이기도 합니다. 사회가 바뀐 것입니다. 게임의 룰이 바뀐 것입니다. 최고의 제품이라든가, 최고의 기술이라든가, 최고의 서비스라든가 하는 것만으로는 충분하지 않은 사회가 되었습니다. 세상은 변했습니다. 기업이 달라져야 합니다.

물론 지금도 혁신제품을 개발하고 최신 기기, 첨단기술로 승부하는 기업들이 많습니다. 애플이나 삼성은 고객을 유혹할 만큼 새로운 버전의 제품을 계속 출시합니다. 제품을 개발하고 마케팅하고 파는 것을 되풀이합니다. 월마트나 코스트코도 제품을 싼 가격으로 판매합니다. 그러나 애플이나 삼성, 코스트코 모두 개별고객의 맞춤형 요구에 부응하지는 않습니다. 제품 중심의 기업을 운영하고 제품 중심의 생산을 하고 있습니다. 지금의 제품 중심 생산 방식이 얼마나 더 지속할지는 지켜봐야 합니다. 제품을 개발하고 판매하여 엄청난 성공을 거둔 기업은 이제 세상을 다르게 봐야 할 것입니다. 세상이 바뀌고 있습니다.

고객은 가치를 구매한다

기업이 장기적으로 지속 가능한 수익을 창출하려면 어떻게 해야 할까요? 고객가치를 창출해야 합니다. 사람중심 기업은 고객가치를 창출하여 더 큰 수익을 냅니다. 기업의 존재 여부를 결정하는 것은 고객입니다. 기업은 고객이 없이는 생존할 수 없습니다. 고객은 제품의 가치를 구매하는 사람입니다. 더 정확히 말하면 제품을 통해 얻고자 하는 '만족'을 구매하는 사람입니다. 이를 '고객가치'라고 합니다. 고객이 제품이나 서비스를 구매하는 것은 제품이나 서비스 자체가 아닙니다. 제품이나 서비스를 통해 얻고자 하는 만족입니다. 카메라를 구매하는 고객은 카메라 자체를 구매한 게 아니라 카메라를 통해 '추억으로 남길 수 있는 능력'을 구매하는 것입니다. 자동차를 구매하는 고객은 자동차를 통해 '빠르게 이동할 수 있는 능력'을 구매하는 것입니다. 이것을 우리는 고객가치라고 합니다.

기업이 살아남기 위해서는 고객이 제품을 구매함으로써 얻으려고 하는 만족, 즉 가치를 만들어야 합니다. 어둠을 밝힐 수 없는 전구는 전구로서의 가치가 없습니다. 사진을 찍을 수 없는 카메라는 카메라로서 가치가 없습니다. 빠르게 이동할 수 있는 능력이 없는 자동차는 자동차로서의 가치가 없습니다. 그런 제품은 고객에게 아무런 의미도 없습니다. '고객은 제품을 구매한다'고 생각하는 기업은 먼저 제품을 만들고 고객에게 제품의 장점과 기능을 광고합니다. '고객은 가치를 구매한다'고 생각하는 기업은 제품을 만들기 전에 먼저 고객을 생각합니다. 고객이 채우려고 하는 욕구는 무엇인지? 어떤 가치를 만들어야 고객의 욕구를 충족시킬 수 있는지를 고민합니다. 모든 경영활동은 여기부터 시작됩니다. 고객에게 어떤 가치를 제공할 것인지가 가장 큰 고민입니다. 고객이 간절히 원하고 있는 만족(가치)이 무엇인지를 찾아야 합니다. 고객한테 있어야 할 것이 없거나 모자라서 채워야 할 것, 즉 부족한 게 무엇인지를 찾아 제공해야 합니다.

고객은 쉽게 마음을 열지 않습니다. 고객의 속마음은 쉽게 알 수 없습니다. 고객이 원하는 것을 알기 위해서는 늘 고객에 대한 관심과 이해가 선행돼야 합니다. 기업은 모르고 있으나 고객은 원하고 있는 가치를 찾아내야 합니다. 고객이 원하는 가치를 파악하고 만족하게 하는 것은 매우 어렵습니다. 하지만 이것이 기업의 궁극적인 사명입니다. 회사가 고객에게 어떤 가치를 제공하고 있는지 따져봐야 합니다. 기업의 전략이란 바로 고객에게 어떤 가치를 제공할 것인지를 정립하는 것입니다. 전략이 제대로 수립되어 있는지, 전략대로 사업이 진행되고 있는지는 고객이 원하는 가치를 정확히 제공하고 있는지를 점검하면 됩니다.

고객이 정확히 누군지를 이해하고 그들이 원하는 것을 알아야 합니다. 그리고 고객에게 만족할만한 가치를 제공해야 합니다. 고객과의 장기적인 관계를 형성하고 유지해야 합니다. 최근에는 고객과의 관계를 맺는 기준으로 '고객 생애가치'를 많이 언급합니다. 고객 생애가치란 어떤 고객이 특정 기업의 고객으로 존재하는 전체 기간에 창출하는 총이익을 말합니다. 즉, 어떤 고객이 일만 원짜리 물건을 샀다고 해서 일만 원짜리 고객이 아닙니다. 그 고객이 평생 구매할 제품이 백개라면 백만 원짜리 고객입니다. 지금 당장의 의미보다 고객의 미래 잠재가치까지 고려한 개념입니다.

감성시대 고객은 소비를 통해 다양한 만족을 얻으려 합니다. 명품 롤렉스 시계를 구매한 고객은 시간을 알려는 것이 아닙니다. 다른 사람들에게 과시함으로써 기쁨을 얻으려는 것입니다. 소소한 여유를 즐기기 위해 원가 150원짜리 커피에 4천 원, 5천 원을 흔쾌히 지불합니다. 비싼 벤츠를 구매하는 고객은 '품위'를 얻고자 합니다.

고객은 제품이 주는 편익과 가치에 만족하지 않습니다. 고객은 정신적인 만족까지 얻으려고 합니다. 소비를 통해 얻는 만족이나 효용을 넘어 기쁨, 행복, 경험, 흥미로움, 품위, 과시 등의 정서적이고 감성적인 만족을 얻으려는 경향이 더 앞섭니다. 이제 기업은 고객이 원하는 주관적인 감성가치까지 창출해야 합니다. 고객가치를 창출하는 게 더 어렵고 힘들어집니다. 사회가 복잡해지고 고객이 소비를 통해 얻으려는 가치도 다양해지기 때문입니다.

고객중심과 제품중심

경영위기를 겪은 대부분 기업은 기술이나 제품에 파묻혀 있습니다. 그러나 장기적인 불황 속에서도 지속성장을 하는 기업은 늘 사람을 생각합니다. 고객을 만족시키는 가치를 찾아 헤맵니다. 1901년 스웨덴 이민자였던 존 노드스트롬이 세운 구두점에서 출발한 미국의 '노드스트롬'은 고객만족 경영으로 유명한 회사입니다. 67개의 백화점과 20여 개의 전문 할인매장을 운영합니다. 일하기 좋은 기업에도 속해 있으며 '포춘 500대 기업'에도 올라갔습니다.

노드스트롬의 성공 중심에는 '엄청난 고객서비스'가 있습니다. 고객 서비스의 극대화를 위해 경영층은 판매원 및 판매 지원인력을 가장 중시하며 그들에게 모든 권한을 부여합니다. 노드스트롬 직원들이 받는 수첩에는 다음과 같은 글이 있습니다. "노드스트롬에 오신 것을 환영합니다. 당신을 우리 회사의 일원으로 받아들이게 되어 정말 기쁘게 생각합니다. 우리의 첫 번째 목표는 뛰어난 고객 서비스를 제공하는 것입니다. 당신의 개인적, 직업적 목표를 높게 설정하십시오. 우리는 당신이 그것을 달성하기 위한 능력이 충분하다는 것을 자신합니다. 룰 1: 모든 상황에서 최고의 판단을 내리십시오. 더 이상의 규칙은 없습니다. 당신의 부서장, 점장, 본부장 누구에게나 어떤 질문이든지 자유롭게 물어보십시오."

정해진 규칙이 없는 상황에서 자신이 판단하여 고객이 원하는 방향으로 업무를 진행하면 됩니다. 어떤 노인이 노드스트롬에 타이어를 반품하러 왔습니다. 하지만 노드스트롬은 타이어를 판매하지 않습니다. 그러나 판매사원은 즉석에서 타이어 값을 내줬습니다. 노드스트롬은 고객을 최우선으로 여기며 이를 위해 직원에게 전권을 부여합니다.

블레이크 노드스트롬(CEO)의 아버지인 브루스 노드스트롬 회장은 직원들에게 "고객이 5년 전에 산 신발을 가져와 낡았다고 불평하더라도 환급해줘야겠다고 판단되면 주저하지 말고 그렇게 하라."고 말합니다. 자칫 악용될 경우 큰 손실을 볼 수도 있습니다. 그러나 블레이크 노드스트롬 CEO는 "이런저런 걱정은 접어두고 당신 앞에 서 있는 바로 그 고객에게 집중하면 됩니다.", "우리에게 중요한 건 고객감동이고 나머지는 차후의 문제"라고 합니다.

반면, '기술의 닛산'이라는 슬로건까지 얻었던 닛산 자동차는 지나치게 기술 중심 기업이었습니다. 사람 대신 기술이 중심이었습니다. 그러나 사람들은 점차 닛산 자동차를 찾지 않았습니다. 일본의 대표적인 자동차 회사였던 닛산은 2000년에 프랑스 르노그룹에 편입되었습니다. 삼성이나 LG전자가 경쟁하듯이 출시한 '스마트 TV'의 경우도 대표적인 제품중심 상품입니다. 대부분 사람들은 TV로 인터넷을 하지 않습니다. 그러나 제조사는 거의 모든 TV에 인터넷 기능을 넣어 비싸게 판매하고 있습니다. 소비자는 원하지 않는 기능을 비싼 값으로 구매하고 있습니다.

2013년 LG전자는 구부러진 디스플레이 제품인 'G플렉스' 단말기를 출시했습니다. OLED 디스플레이로 유연성을 자랑하는 제품입니다. LG전자는 구부러져 얼굴에 착 달라붙어 통화하기 쉽고 스마트폰으로 영화나 TV를 볼 때보다 몰입감이 높다고 합니다. 그러나 폰이 구부러져 오히려 얼굴의 기름이나 화장품이 묻을 수 있습니다. 전문가들은 곡선이라서 몰입감을 주려면 최소 50인치 이상은 돼야 한답니다. 놀라운 기술의 제품이라지만 채 10만 대도 팔리지 않았습니다. 그런데 2015년 1월에 'G플렉스2'를 출시했습니다. 'G플렉스' 실패를 반성하지도 고민도 하지 않았습니다. 'G플렉스2'는 채 3만 대도 판매되지 않았습니다.

몇 년 전 임원 워크숍 때였습니다. 고객가치를 어떻게 창출할 것인가에 대한 주제를 놓고 팀별로 나눠 토론했습니다. 열띤 토론이 끝날 때였습니다. 우리 팀은 고객이 원하는 가치를 제공하는 방안을 토론했습니다. 팀별로 논의한 내용을 발표하기 위해 토론장으로 가려고 일어섰습니다. 바로 곁에 있던 네트워크를 담당하는 임원이 일어서면서 혼잣말로 하는 말이 유난히 크게 들렸습니다. "그래도 기술이야."

2009년 중앙연구소가 중심이 되어 똑똑한 다기능 인터넷폰인 '스타일폰'을 출시했습니다. 영상통화, 은행업무, 게임, 사진 슬라이드, MP3 등등 여러 가지 기능이 가능한 폰입니다. 당시는 인터넷전화가 출시된 지 얼마 안 되는 시기였습니다. LGU+를 비롯한 다른 기업들은 저가의 폰을 거의 무료로 배포하면서 인터넷 전화시장을 선점하려고 기업역량을 쏟아 부었습니다. 마케팅연구소는 2008년에 이미 '스타일폰' 시장은 틈새시장에 불과하므로 인터넷시장 전체를 대상으로 해서는 안 된다고 여러 차례 주장했습니다.

그 이유는 첫째, 스타일폰에 대한 고객수요조사 결과 약 11퍼센트에 불과했습니다. 다기능 인터넷폰을 출시할 경우 사용하겠다는 고객수요가 너무 낮았습니다. 전체 시장을 대상으로 할 수 있는 폰이 아니었습니다.

둘째, 당시 인터넷전화 시장 싸움은 고급화가 아니었습니다. 누가 먼저 인터넷폰 시장을 선점하느냐 하는 마켓 쉐어 확장 싸움이었습니다. IT 시장의 특징 중의 하나는 고객은 한번 사용한 기기를 쉽게 바꾸지 않는다는 것입니다. IT기기를 바꾸는 순간 복잡한 기능을 새로 익혀야 하는 고생을 하기 때문입니다. 처음에 아이폰을 사용했던 고객은 계속 아이폰을 사용합니다. 삼성 갤럭시폰을 사용했던 고객은 계속 갤럭시폰만 사용합니다. 아이폰 사용하다 삼성폰으로 바꾸거나 삼성폰 사용하다 아이폰으로 바꾸는 예는 적습니다.

셋째, 통화시장은 이미 모바일폰(휴대폰)이 대세였습니다. 폰의 개인화(휴대폰)가 널리 확산되고 있는 상황이었습니다. 내 손안에 있는 모바일폰의 확산에 따라 집 전화는 거의 사용하지 않았습니다. 매년 집 전화 통화가 급감했습니다. 신혼부부들은 집 전화를 아예 신청조차 하지 않았습니다. 모바일폰이 있는데 굳이 집에서 다기능전화기를 사용할 이유가 없었습니다.

넷째, 고객들이 거의 사용하지 않는 집 전화를 인터넷 전화기로 바꾸는 이유는 싼 통화료 때문이었습니다. 따라서 인터넷전화기는 거의 무료폰에 가까운 싼 가격으로 배포하는 게 옳은 선택이었습니다. 싼 통화료 때문에 인터넷전화기로 바꾸는 고객한테 비싼 다기능 인터넷폰은 가치가 없었습니다. 다기능 폰은 이미 휴대폰으로 충분했습니다.

다기능 인터넷폰은 시장에서 홀대를 받았습니다. 회사는 결국 직원들에게 거의 떠맡기듯이 털어냈습니다. 제품을 만들면서 고객가치를 생각하지 않았습니다. 기술과 제품 중심이었습니다. 좋은 제품을 만들면 고객은 선호할 줄 알았습니다. 그러나 고객들은 외면했습니다. 제품이 좋다고 고객이 선택하는 시대가 아닙니다. 좋은 제품만 만들면 고객들이 구매할 것이라는 생각은 생산자 중심의 지나친 자만입니다. 고객들이 원하는 가치가 아니었습니다. 인터넷폰에 있어 고객가치는 '다기능'이 아니었습니다. 가끔 통화하는 집 전화를 더 저렴한 가격으로 사용하는 것이었습니다. 다기능 고객가치는 이미 휴대폰으로 충분했습니다.

사람보다 기술, 제품의 완성도, 엔지니어의 자부심이 중심이 되면 그 사업은 실패할 수밖에 없습니다. 고객은 영리하고 똑똑해졌습니다. 고객이 원하는 것은 제품이 아니라 제품을 통해 얻는 만족, 효용, 가치입니다. 이제는 정서적, 감성적인 만족과 기쁨까지도 가치로 확장시키고 있습니다. 경영자의 사고 프레임이 바뀌어야 합니다. 기술과 제품 중심에서 고객가치 중심으로 바꾸어야 합니다. 고객의 변화를 읽어야 합니다. 고객가치가 어떻게 확장하고 있는지를 살펴야 합니다. 고객가치의 흐름을 분석해서 미래 사업을 찾아야 할 것입니다.

기업의 중심은 마케팅과 영업이다

회사는 이익을 내야만 합니다. 일본 교세라의 이나모리 가즈오 회장은 "이익이 없으면 회사가 아니다."라고 말합니다. 맞습니다. 이익이 나야만 회사가 살 수 있습니다. 이익이 나야 경영자도 직원도 살 수 있습니다. 이익이 나야만 회사로서 존재할 수 있습니다. 직원들이 안정적인 생활을 유지할 수 있게 하려면 이익이 나야 합니다. 경영자는 이익을 내기 위해 직원들이 스스로 더 높은 도전적 목표를 설정할 수 있도록 해야 합니다. 직원들이 도전의식을 갖고 열정을 쏟아 목표를 향해 나갈 수 있도록 문화와 가치를 확립해야 합니다. 회사 일을 내일같이 자발적으로 몰입할 수 있도록 해야 합니다. 일하면서도 자부심을 갖고 기쁨과 행복을 느낄 수 있도록 경영 환경을 만들어야 합니다. 그럴 때 조직은 높은 생산성과 경쟁력을 유지할 수 있습니다.

회사가 높은 이익을 내기 위해서는 기업의 모든 조직이 유기적으로 움직여야 합니다. 각각의 조직들이 맡은 역할을 충분히 해낼 뿐 아니라 목표를 위해 하나로 집중해야 합니다. 그러나 더 중요한 건 이익을 창출하는 마케팅과 영업을 중시하는 조직문화를 만들어야 합니다. 환경과 제도를 바꾸어야 합니다.

마케팅은 고객을 만드는 활동입니다. 영업은 고객에게 제품을 판매하는 활동입니다. 마케팅은 고객의 니즈(Needs)와 욕구를 분석하여 고객이 원하는 가치를 만듭니다. 고객과의 관계를 창출하고 유지하며, 고객에게 만족을 주는 모든 활동을 의미합니다. 차별화된 전략으로 소비자에게 제품을 판매하여 이윤을 창출하는 모든 활동은 영업입니다. 현장에서 고객과 직접 만나는 활동입니다. 마케팅과 영업활동은 회사의 이윤을 창출하고 지속적인 성장을 견인하는 직접적인 활동입니다. 마케팅과 영업은 회사가 이익을 내기 위한 본원적 활동입니다. 마케팅과 영업이 없는 회사는 회사로서 존재할 수 없습니다. 돈을 벌 수 없는데 회사가 어떻게 존재할 수 있겠습니까? 나머지 부서는 마케팅과 영업을 지원하는 조직입니다.

지속성장이 가능한 기업전략을 수립하는 부서, 회사의 업적을 정리하고 투자를 관리하는 재무 관련 부서, 인재 채용부터 승진 및 교육을 전담하는 인사 관련 부서, 기술개발 및 유지를 위한 기술부서 등등. 여타의 모든 부서는 사실상 돈을 벌기 위한 주변 부서이자 지원 부서입니다. 그래서 IBM 등의 세계적인 기업에서는 마케팅을 여러 조직 중 가장 중시합니다. 마케팅에 최고의 인재를 배치합니다. 인센티브도 다른 부서와 달리하며 회사 내에서 최고로 우대합니다.

고객과 가까운 조직의 위상을 높여라

그러나 대부분 기업에선 아직도 기획조정실, 경영전략실, 경영기획실 등의 조직을 가장 중시하고 있습니다. 회사의 중장기 전략을 수립하고 조정하는 역할을 하는 조직입니다. 해당 부서 직원은 선망의 대상입니다. 모든 직원이 들어가지 못해 안달입니다. 차기 연도 사업목표 및 예산배정 등의 업무도 관장하고 있습니다. 여타 부서의 목숨 줄을 잡고 있다 보니 해당 부서 직원의 위세는 당당합니다. 실장, 본부장, 부문장 등 여타 부서장들도 그 부서 직원한테는 함부로 대하지 못합니다. 회사조직 내의 상위 조직입니다. 회사 내의 '성골 조직'입니다. 경영전략실 등의 조직이 힘 있는 조직으로 행세하기까지는 CEO의 지원이나 묵인, 방조 없이는 불가능합니다. 조직문화를 그렇게 만들었기 때문입니다.

경영전략실 같은 조직이 중시되고 힘 있는 조직으로 행세하는 기업에선 전체 조직이 계층적 구조를 띱니다. 경영전략실과 비서실, 인사조직 등이 최고 상위층에서 권세를 누립니다. 다음으로 재무, 총무 등의 관리조직이 다음 계층을 이루고 있습니다. 경영전략실 다음으로 힘이 있는 조직입니다. 다음으로는 사업 관련 조직, 기술 관련 조직입니다. 마지막이 영업 관련 조직 및 현장조직입니다. 회사의 이익을 창출할 수 있는 조직, 고객과 직접 만나는 조직이 가장 하위층에 배치되어 있습니다. 고객과 가장 멀리 있는 조직이 상위조직에, 고객과 가장 밀접하고 가까이 있는 조직이 하위조직에 있습니다. 아이러니하지 않나요? 이익을 내야 하는 영리 조직인 기업에서 고객과 가장 멀리 있는 조직이 가장 힘 있는 조직이라니요?

가장 하위층에 있는 영업조직이나 현장조직은 가장 힘이 없는 조직입니다. 고객을 직접 만나고 이윤을 창출하는데도 가장 힘이 약합니다. 힘이 없는 조직이다 보니 각종 지원도 늦습니다. 경력직 직원이나 신입 직원들은 영업이나 현장 배치를 꺼립니다. 영업이 좋아서 지원한 직원 외에는 영업부서로 가지 않으려고 합니다. 물론 순환보직도 있지만 일부에 해당합니다. 조직의 계층적 구조에서 상위조직에 있는 직원은 큰 잘못이 없는 한 제때에 승진합니다. 그러나 하위계층 조직에 있는 영업직이나 현장 직원들은 인사승진에서 뒤처집니다. 직급별 승진 인원도 적어 인사 적체가 심합니다. 기업조직은 이익을 내기 위한 영리조직입니다. 이익을 창출하기 위한 기업조직이 이익을 만들기 위한 활동을 꺼리게 만들고, 무시하고, 박대하고, 하대합니다. 그러면서도 매출이 오르지 않으면 영업과 현장 직원에게 책임을 묻습니다. 조직의 자부심도 없고, 경영진에 대한 신뢰감도 없고, 영업에서 의미를 찾을 수도 없기에 그 일에서 보람을 느낄 수 없습니다. 열정을 가질 수도 없습니다. 동기부여가 될 만한 내용도 없습니다. 탁월한 성과가 나올 수 없는 구조입니다.

어떤 회장은 직원들이 3만여 명이나 되는데 유통채널이 왜 필요하냐며 유통비용을 줄이라고 했습니다. 통신상품은 직영대리점을 비롯해 다양한 유통점에서 판매합니다. 유통채널을 활용할 수 없으니 직원들이 직접 아파트 단지에 천막치고 상품을 판매했습니다.

"어찌 잘 팔리나요?"

"윗선에서 나가라니까 할 수 없이 나오긴 하지만 시간만 보내다 들어갑니다."

"왜요?"

"우리를 '종놈' 취급하는데 뭔 힘이 나서 한답니까?"

결국 대규모 유통채널들은 경쟁사로 넘어갔습니다. 직원들의 직접 판매는 성과가 나지 않았습니다. 매출이 하락하고 영업이익은 적자로 돌아섰습니다. 유통채널을 복구하기 위해서는 몇 년의 시간이 필요합니다.

마케팅과 영업조직을 기업의 중심으로 세워야 합니다. 하대 받고 천대받는 조직이 아니라 조직 계층구조의 최상위 조직으로 위상을 바꾸어야 합니다. 자부심과 자긍심을 갖게 해야 합니다. 최고의 인재들을 배치하고 인센티브도 타 조직보다 파격적으로 지급해야 합니다. 직원들이 가장 선호하는 업무로 만들어야 합니다. 회사의 문화와 가치를 바꾸어야 합니다. 고객을 만들고 고객을 만족시키는 활동을 최고의 가치 활동으로 바꾸어야 합니다. 고객을 만나고 고객과의 관계를 만드는 활동의 가치를 최고로 높여야 합니다. 다른 조직은 마케팅과 영업활동이 활성화될 수 있도록 지원하는 조직이어야 합니다. 마케팅과 영업조직의 직원들은 자발적으로 더 높은 도전 목표를 설정할 것입니다. 자신이 하는 일이 조직에 중요한 기여를 하고 있다는 뿌듯함과 자부심을 갖게 될 것입니다. 누가 뭐라고 하지 않아도 회사를 신뢰하고 열정을 쏟을 것입니다. 그 결과는 고객과의 관계를 바꿔놓을 것입니다. 고객은 기업을 신뢰하게 됩니다. 탁월한 성과로 나타날 것입니다.

아니라고 말할 수 있어야 한다

재벌 그룹의 총수가 주재하는 회의는 거의 토론이 없습니다. 임원과 사장단의 보고와 총수의 지시가 있을 뿐입니다. 총수의 의견에 문제를 제기하거나 반론을 언급할 수 있는 경영자는 거의 없습니다. 눈 밖에 나는 순간 회사를 그만둬야 합니다. 재벌 그룹에도 외부에 잘 알려지지 않은 사업 실패 사례가 많다고 합니다. 삼성그룹의 경우 총수 일가들이 추진하거나 매입했다가 실패한 사례가 많다는 걸 《삼성을 생각한다》라는 책에서 읽은 적이 있습니다. 재벌 총수의 사업 결정에 대해 감히 나서서 아니라고 말할 수 있는 사람이 없었겠죠.

쓴소리 없는 조직은 망한다

공포 경영 펼치는 강압적이고 권위적인 경영자 주위엔 온통 아첨꾼들로 득실거립니다. 인재는 떠나고, 원성만 남습니다. '아니라고 말할 수 있는 사람'이 있어야 합니다. 경영자는 아니라고 말하는 사람을 곁에 두어야 합니다. 힘 있는 곳에는 힘에 기대려는 사람, 힘을 이용하려는 사람, 힘의 그늘에서 안주하려는 사람이 꼬이기 마련입니다. 그 사람들에게 휘둘리면 조직은 망가지고 경영자는 허수아비가 됩니다. 독단적이고 독선적이거나 환관 경영에서 헤어나지 못하게 됩니다. 그룹의 대표이사는 그룹을 대표하고 그룹을 대신하는 사람입니다. 대표이사는 그룹의 이미지이며 그룹의 브랜드이며 그룹의 얼굴입니다. 대표이사의 이미지 훼손은 곧 그룹의 이미지 훼손입니다. 따라서 대표이사 곁에는 반드시 '아니라고 말할 수 있는 사람'이 있어야 합니다. 2000년부터 약 5년간 회장의 업무를 보좌하고 총괄했습니다. 발령을 받고 CEO에게 인사를 할 때 한 가지 약속을 받았습니다.

"회장님, 회장님이 밖에서 나쁜 소리 듣지 않으시려면 안에서 쓴소리 들으셔야 합니다. 다른 임원들은 감히 회장님께 쓴소리를 할 수 없을 것입니다. 그래서 제가 할 것입니다. 제 쓴소리가 듣기 싫으시다면 지금이라도 저를 내치세요. 그럼 다른 업무를 맡겠습니다."

"허허, 알았다."

CEO를 보좌하고 업무 총괄을 하면서 CEO와 관련된 내용은 가감없이 말했습니다. CEO의 잘못된 행동이나 잘못한 지시사항, 하지 말았어야 할 말씀 등등에 대해 쓴소리를 했습니다. 이 세상 누구나 자신의 잘못에 관해 얘기해달라면서도 실제로 얘기하면 좋아하는 사람은 아무도 없습니다. 그러나 진정 그 사람을 위한다면 쓴소리를 해야 합니다. 쓴소리를 들을 줄 알고 받아들일 줄 아는 사람이 진정 대인배입니다.

kt는 대주주가 없다 보니 3년 임기를 끝으로 떠나고 또 새로운 CEO가 옵니다. 3년의 경영 기간으로는 장기적인 비전과 계획을 세울 수가 없습니다. 새로 부임하는 CEO는 단기적이고 가시적인 성과를 위한 정책에 중심을 둘 수밖에 없습니다. 장기적인 비전과 계획을 세운다 해도 의미가 없습니다. 새로운 CEO가 와서 바꾸기 때문입니다. 따라서 kt는 CEO가 바뀌어도 경영과 정책의 일관성이 유지되는 오너십(Owner ship)을 세우는 게 절실히 필요했습니다.

2002년 민영화 이후 CEO는 이사회의 추천으로 주총에서 선출되었습니다. 과거 공기업 시절에는 정부에서 CEO를 선정했지만 민영화 이후엔 내부 '회장추천위원회'에서 후보를 선정하고 주총에서 결정했습니다. 물론 MB 정권 이후부터는 법적 권한이 없는 정부가 CEO 선정에 막후 영향력을 행사하고 있습니다. 2005년 CEO의 임기 만료가 가까워져 연임을 추진했습니다. 그런데 공정거래위원회에서 통신 3사 담합을 이유로 kt에 1천3백억 원에 이르는 과징금을 부과했습니다. 순조로웠던 연임 분위기가 갑자기 찬물을 끼얹은 듯 싸늘하게 변했습니다. 정부 관계자도 긍정적이지 않았고, 사외이사들도 CEO 교체 쪽으로 방향이 바뀌었습니다. 더 이상 연임을 강행했다가는 CEO의 신변에도 위험이 닥칠 수 있었습니다. 많은 고민 끝에 CEO께 말씀드렸습니다.

"회장님, 정부의 분위기도 바뀌었고, 사외이사들도 부정적입니다. 연임을 포기하시고 내려놓으시는 게 좋을 듯합니다."

CEO는 바로 포기하지 못했습니다. 제 쓴소리가 매우 서운하셨던 것 같았습니다. 한동안 저를 부르지 않았습니다. 이후에도 기회를 봐서

두 번 더 말씀드렸습니다. 그분께 한 마지막 쓴소리였습니다. CEO를 존중하는 주위 분도 강하게 말씀드렸습니다. 며칠이 지나고 새벽녘에 전화가 왔습니다.

"나 포기하련다."

그분은 쓴소리를 듣고 받아들일 수 있는 분이었습니다. kt는 쓴소리가 가능했던 기업 문화가 있었습니다. 쓴소리를 들을 수 있는 사람은 절대 망가지지 않습니다. 남에게 손가락질을 받지 않습니다. 주변으로부터 존중과 존경을 받습니다. 사람중심 경영철학을 실천하는 경영자는 쓴소리를 들을 수 있는 사람입니다. 곁에 쓴소리를 하는 임직원을 두고 있는 사람입니다. 직원들과 의사소통이 자유로운 사람입니다.

쓴소리를 하는 사람이 없는 조직은 망가집니다. 경영자 혼자 똑똑하면 기업은 망합니다. 경영자가 지나치게 똑똑한 인상을 주면 임직원들은 입을 다뭅니다. 중국 춘추시대에 '가도멸괵(假道滅虢)'의 고사를 낳은 사건이 있었습니다. 진 나라 임금 헌공이 이웃 나라인 괵 나라를 치기 위해 우 나라한테 길을 열어달라고 했습니다. 우 나라 임금은 충신 궁지기의 충언을 듣지 않고 길을 빌려주었습니다. 진 나라는 괵 나라를 멸망시킨 다음 돌아오는 길에 우 나라마저 멸망시켰습니다(《논어 경영학》, 민경조, 청림출판, 2009년).

어떤 임원을 곁에 둬야 하나

임원은 어떤 사람을 말하는가? 임원의 역할은 무엇인가? 기업에 처음 입사하는 신입 직원한테 꿈을 물어보면 많은 사람이 '임원'이 되는 거라고 합니다. 입사 동기생 중 서너 명이 될 수도 있고 전혀 없을 수도 있습니다. 우리나라 대기업의 임원 대 직원 비율은 조직의 성격에 따라 수십 명에서 수백 명에 임원 한 명씩이 있습니다. 흔히 임원을 '기업의 꽃'이라고 합니다. 군인의 꽃은 '별'이고, 경찰의 꽃은 '경무관'이라고 합니다. 기업의 꽃이라는 임원을 언제 쫓겨날지 모르는 '임시직'이라고도 합니다. 정해진 임기도 없습니다. 재계약을 못하면 그날이 그만두는 날입니다. CEO가 언제든지 교체할 수도 있습니다.

소시오패스 같은 임원 멀리해야

임원의 역할은 무언인가요? '임원은 CEO를 대신하여 조직을 경영하는 사람'입니다. CEO의 사람중심 경영을 각각의 조직에서 구현하는 사람입니다. 담당해야 할 업무도 많습니다. 결정해야 할 일도 많고, 그만큼 책임져야 할 사안도 많습니다. 어떤 임원이 조직을 맡느냐에 따라 조직이 흥하기도 하고 쇠하기도 합니다. 살아 움직이며 많은 성과를 내는 조직이 있습니다. 불안과 공포에 떨며 임원이 바뀌기만을 고

대하는 조직도 있습니다. 임원과 조직원들이 물과 기름같이 따로 움직이는 조직도 있습니다. 어떤 사람을 임원으로 뽑아야 할지는 기업의 흥망성쇠와도 직결됩니다. 어떤 때는 CEO가 무얼 보고 저런 사람을 임원으로 뽑았는지 도저히 이해할 수 없을 때도 있습니다. CEO의 사람 보는 눈과 판단능력을 의심하게 합니다. 지인들이 추천한 사람이라고 무작정 영입하는 CEO가 있는가 하면, 특정인의 말만 듣고 그쪽 라인 사람만 선택하는 CEO도 있습니다. 모두 자기 판단 능력이 결여된 무능한 CEO입니다.

CEO 곁에 두어야 할 임원은 회사와 운명을 같이 할 수 있는 사람이어야 합니다. 상황이 좋을 때는 충성하는 흉내를 내다가도 상황이 나빠지면 CEO를 배신하고 책임지지 않는 사람을 임원으로 뽑아서는 안 됩니다. kt 아무개 회장의 후반기가 그랬습니다. 많은 임원이 그룹 자산을 탕진하고 조직문화와 가치를 파괴하는데 지지하고 협력했습니다. 그 공로로 승진도 했습니다. 그러나 검찰 수사가 시작되는 등 CEO가 위기에 처하자 정보기관에 회사정보를 유출하고, 악성 소문을 퍼뜨리며 조직붕괴를 부추겼습니다. 자신은 충성하지 않았고 오히려 핍박을 받았다고 얼굴을 바꾸었습니다. 출세주의 변형자들입니다. 소시오패스 같은 사람들입니다.

곁에 둬야 할 임원

CEO 곁에 둬야 할 임원은 첫째, 사람중심 경영을 할 수 있는 품성 좋은 사람이어야 합니다. 품성은 어느 날 갑자기 만들어지는 것이 아닙니다. 품성은 상황이 바뀐다고 바뀌지 않습니다. 지금까지 살아오면서 형성되고 쌓인 사람의 성품입니다. '착한 사람' 콤플렉스에 사로잡힌 사람이 아닙니다. 이런 사람들은 자신이 해야 할 일까지 하지 않아 그 부담을 누군가가 지게 합니다. 소위 '스펙'이 좋은 사람도 아닙니다. 좋은 대학교 나오고 학위가 있는 것과 품성과는 전혀 별개입니다. 학벌 좋은 사람 중에 곡학아세(曲學阿世) 하는 사람이 세상에 너무 많습니다.

사람중심 경영을 실천할 수 있는 품성이 좋은 사람은 사람을 중심에 놓고 존중하고 배려할 수 있는 사람입니다. 직원의 잠재적 능력을 계발하고 끌어낼 수 있는 사람입니다. 직원들에게 비전을 제시하고 자발적 열정과 헌신을 끌어낼 수 있는 사람입니다. 직원들이 즐거움과 보람을 느끼며 의미를 찾을 수 있게 하는 사람입니다. 이런 사람은 회사의 문화와 가치를 존중하는 사람입니다.

둘째, 임원은 무엇보다 정직한 사람이어야 합니다. 거짓이나 꾸밈이 없이 바르고 곧아야 합니다. 바른 행동을 꾸준히 실천해야 합니다. 승진을 위해서, 책임을 모면하기 위해서, 소비자를 속이기 위해서 요행만을 믿으며 부정한 행동을 하는 사람이 너무 많습니다. 직원을 속이고 회사를 속이며 자기 이익만을 추구하는 사람입니다. 정직은 '정도경영'을 의미합니다. 소비자를 속이지 않고 원칙에 따라 경영하는 것입니다. 지속성장을 해온 기업은 정직을 최우선으로 삼아 경영해왔습니다. 정직하지 않으면 지금까지 쌓아온 모든 것을 한순간에 잃을 수 있습니다.

1991년도 두산전자의 낙동강 페놀 오염사건을 기억하실 것입니다. 정화비용 5백만 원을 아끼려고 페놀을 낙동강에 흘려보냈다가 기업의 이미지 추락은 물론 두 차례의 영업정지와 불매운동으로 회사가 어려움을 겪었습니다. 이때 이후 많은 가정은 수돗물 대신 정수기를 사용하거나 물을 사 먹기 시작했습니다. 2001년 미국의 엔론 분식회계 사건도 마찬가지입니다. 엔론사는 자회사만 1천여 개에 달하고 본사에 근무하는 직원만도 2만여 명이나 되었습니다. 〈포춘〉지는 엔론사를 6년 동안이나 '미국에서 가장 혁신적인 기업'으로 꼽았습니다. 2000년엔 '일하기 좋은 기업 100대 회사'에도 선정되었습니다. 그러나 2001년 사회적으로 존경받았던 기업이 교묘한 회계부정에 의존하고 있었다는 사실이 밝혀지면서 결국엔 파산했습니다. 엔론은 탐욕과 부패, 그리고 자본주의의 어두운 면의 대명사가 되었습니다. 2003년 SK글로벌의 경우도 1조5천억 원의 분식회계를 하여 최태원 SK그룹 회장이 구속되기도 했습니다.

개인적으로 남에게 피해를 주지 않기 위해서나, 장기적으로 지속성장이 가능한 기업이 되기 위해서는 정직을 최우선으로 삼아야 합니다. 어떠한 순간에도 유혹에 흔들리지 않기 위해서는 끊임없는 자기성찰을 해야만 합니다. 정직하지 않은 임원은 자칫 한순간에 기업 이미지를 심하게 훼손시킬 뿐 아니라 회복할 수 없는 어려움을 겪게 할 수도 있습니다. 최인호의 소설 《상도》에는 '재상평여수 인중직사형(財上平如水 人中直似衡)'이란 글이 있습니다. 최대의 거상이었던 임상옥의 철학이기도 합니다. '재물은 평등하기가 물과 같고 사람은 바르기가 저울과 같다.'는 뜻입니다. 즉, 물과 같은 재물을 독점하면 그 재물에 의해 망하고 사람이 저울과 같이 바르고 정직하지 못하면 언젠가는 파멸을 맞는다는 의미입니다.

셋째, 임원은 도전의식이 있는 사람이어야 합니다. 회사가 살아남으려면 끊임없이 도전해야 합니다. 새로운 사업을 추진해야 합니다. 기존 사업은 새로운 기술이 개발되거나 경쟁사가 늘어나거나 소비자의 성향이 바뀌면 곧 레드오션이 됩니다. 따라서 지속성장을 위해서는 신성장 엔진을 찾아야 합니다.

그러나 도전을 피하거나 꺼리는 임원이 있습니다. 도전정신이 박약하여 지레 겁부터 내는 사람입니다. 신사업을 추진했다가 실패할 경우 책임을 져야 하는 부담 때문에 시도조차 하지 않으려 합니다. 자신뿐만이 아니라 다른 부서가 추진하는 것조차 방해합니다. 아주 사소한 문제까지 물고 늘어져 신사업추진을 지연시키거나 결국 못하게 합니다. 다른 사람의 눈에는 사소한 일에도 주의를 집중하고 신중을 기하는 것 같이 보일 수 있습니다. 대단히 합리적이고 세심한 사람으로 포장되어 있습니다. 그러나 잘 살펴봐야 합니다. 신중하고 합리적인 사람인지 꼬투리 잡는 사람인지를. 이런 임원이 있는 곳은 모든 일이 지지부진 늦어집니다. 하나도 제대로 맺음을 못 합니다. 임원의 커리어를 살펴보면 특별히 어떤 사업을 추진한 적도, 특별한 성과를 낸 적도 없습니다. 이런 임원들이 주요 보직을 차지하고 있는 기업이나 조직은 변화와 혁신이 없습니다. 새로운 사업 추진도 없습니다. 회사가 안정만을 도모하다 시대에 뒤떨어지게 됩니다.

도전적으로 사업을 모색하고 추진하되 사소한 문제에도 주의를 기울이고 신중을 기해야 하는 건 중요합니다. 그러나 사업은 시기와 때가 있습니다. 모든 문제에 대한 답을 준비하고 나면 때를 놓치는 경우가 많습니다. 아무리 좋은 아이템이라도 시장에 출시하는 적절한 때를 놓치면 실패합니다. 회사는 끊임없이 성장하고 발전해야 합니다. 끊임없이 신성장 엔진을 찾아야 합니다. 새로운 고객가치를 창출해야 합니다. 모든 사업이 성공하지는 않습니다. 하찮은 문제에도 집중해서 준비해야 하지만 도전을 두려워하면 살아남을 수 없습니다. CEO 주변에 도전을 두려워하는 임원이 있으면 과감하게 떼어내야 합니다.

넷째, 임원은 결과에 책임 질 줄 아는 사람이어야 합니다. 임원은 자신이 추진하는 업무뿐 아니라 부하직원이 추진하는 모든 업무에 대해 최종적인 책임을 져야 합니다. 임원이 책임을 져야 직원들이 부담을 갖지 않고 적극적으로 업무에 임할 수 있습니다. 그러나 결과에 책임지는 임원은 그리 많지 않습니다. 책임으로 인한 경력에 오점이 남기 때문입니다. 승진 시 장애가 되거나 재계약 시 해지 요인이 될 수 있기 때문입니다. 그래서 수단과 방법을 가리지 않고 다른 사람에게 책임을 넘깁니다. 처음 추진할 때부터 책임을 떠넘기려고 이 사람 저 사람을 끌어들입니다. 심지어는 부하직원한테 책임을 전가하는 사례도 비일비재합니다. 부하직원을 희생양으로 만드는 겁니다. 소위 '꼬리 자르기'를 하는 것이지요. 욕심을 채우려고 양심을 버리는 사람입니다. 부서장이 책임지지 않는 조직은 늘 의사결정이 늦습니다. 제때 실행되지 않습니다. 결과를 책임지지 않는 임원은 신뢰할 수 없습니다. 직원들도 따르지 않습니다. 자발적인 동참을 하지 않습니다.

CEO 업무를 총괄할 때였습니다. CEO를 보좌하는 업무는 회사 조직 내에서나 외부에 대해서나 보안이 요구되는 사안이 많습니다. 자칫 정보가 유출될 경우 회사의 이미지 훼손은 물론이고 큰 손실을 감당해야 합니다. 책임소재가 명확하지 않을 때 직원들은 두려워하고 적극적인 업무수행을 꺼립니다. 모 직원이 겁을 먹고 다른 부서 발령을 희망했습니다. 직원들한테 "모든 책임은 내가 질테니 두려워하지 말고 일하라. 혹시라도 법적인 문제가 생겨 조사를 받게 되면 내가 시켜서 했을 뿐이라고 하라."고 했습니다. CEO한테도 말했습니다. 어떤 사안의 경우 "보고는 드리지만 회장님은 보고받지 않은 거로 해 주세요. 모든 책임은 제가 안고 가겠습니다." 라고. 직원들은 더 이상 겁내지 않았습니다. 더 이상 머뭇거리지 않았습니다. 모든 사안의 최종 책임은 부서장이 져야 합니다.

다섯째, 임원은 업무와 관련하여 통찰력(Insight)이 있어야 합니다. 업무와 관련하여 임원들의 유형이 몇 가지 있습니다. 직원들이 하는 우스갯말로 4가지 유형이 있다고 합니다. 똑똑하면서 부지런한 사람(똑부), 똑똑하면서 게으른 사람(똑게), 멍청하면서 부지런한 사람(멍부), 멍청하면서 게으른 사람(멍게). 똑똑하면서 부지런한 사람은 업무에 대해 잘 파악하고 있지만 세세하게 간섭하고 간여하는 임원을 일컫는 말입니다. 직원들이 힘들어하는 스타일입니다. 똑똑하면서 게으른 사람은 업무에 대해 잘 파악하고 있으면서도 크게 간여하거나 간섭하지 않고 직원들에게 맡기는 사람입니다. 직원들이 좋아하는 스타일입니다. 멍청하면서 부지런한 사람은 업무도 모르면서 사사건건 간섭하는 사람입니다. 직원들이 가장 싫어하는 사람입니다. 멍청하면서 게으른 사람은 업무를 잘 모르지만 간섭도 하지 않는 사람을 일컫는 말입니다. 직원들은 좋아하지도 싫어하지도 않습니다. 직원들은 업무를 잘 알고 있지만 특별히 간여하거나 간섭하지 않는 상사를 선호합니다. 상사가 업무를 모르면 직원들은 답답해합니다. 늘 하나하나 과외를 해줘야 하니까요. 임원은 많은 업무를 관장하기에 모든 업무를 정확히 파악하기란 쉬운 일은 아닙니다. 그러나 업무를 모르면 조직 성과가 떨어지고 직원들이 임원을 우습게 압니다. 임원의 지시와 명령을 따르려 하지 않습니다. 선장이 많으면 배가 산으로 가지만 선장이 똑똑하지 못하면 배는 강 밑으로 가라앉습니다. 임원은 맡은 업무를 정확히 파악해야 합니다.

여섯째, 임원은 비전과 방향을 제시해야 합니다. 세세한 업무는 직원들에게 위임합니다. 조직에서 벗어나 노를 따로 젓는 직원이 없도록 해야 합니다. 추진하는 업무가 옆길로 가지 않도록 방향키를 바로 잡아줘야 합니다. 직원들은 자칫 큰 방향보다 세세한 부분에 치우칠 수 있습니다. 그러나 너무 세심한 부분에 집중하면 목적과 기능이 전도되거나 방향이 틀어지는 경우가 많습니다. 임원은 작은 부분까지도 오차나 실수가 없도록 해야겠지만 더 중요한 건 목적한 대로, 방향대로 사업을 진행해 나가는 것입니다. 넓게 보고 깊게 생각해야 합니다. 많이 생각해야 합니다. 최악의 경우까지 가정하여 대처 방안을 만들어야 합니다. 그래야 사소한 실수도 놓치지 않습니다.

사실 위의 요건을 두루 갖춘 임원을 뽑기란 여간 어렵지 않습니다. 똑똑한 임원을 뽑았는데 자기 혼자만의 성과를 낼 뿐 직원들과 함께 조직의 성과를 내지 못하는 사람도 있습니다. 우수한 임원이라고 뽑았는데 직원들과의 잦은 불협화음으로 조직이 붕괴되는 곳도 있습니다. 모든 요건을 두루 갖춘 '특출난 임원'을 찾기보다 부서 업무에 맞는 '최적의 임원'을 찾아야 합니다. 적임자를 찾아야 합니다. 직원들을 존중하고 배려할 수 있는 사람이어야 합니다. 직원들의 자발적 열정과 헌신을 이끌어 낼 수 있는 사람이어야 합니다. 직원들에게 일의 의미를 갖게 하고 일을 즐기게 할 수 있는 그런 사람을 임원으로 뽑아야 합니다.

곁에 둬서는 안 되는 임원

임원으로 뽑아서는 절대로 안 되는 사람도 있습니다. 조직의 문화와 가치를 무시하는 사람입니다. 외부에서 영입된 임원들이 종종 이런 잘못을 저지릅니다. 어떤 조직이나 수십 년을 이어온 조직의 문화와 추구하는 가치가 있습니다. 이를 완전히 무시하고 자기만의 방식으로 자기만의 가치를 강요하려고 합니다. 직원들과 괴리된 채 자기만이 최고인 양하는 사람입니다. 직원들에게 신뢰받지 못하고 결국 조직을 떠납니다.

kt 아무개 회장 때입니다. CEO가 외부에서 영입한 임원입니다. 이 사람은 틈만 나면 kt를 욕하고 비하했습니다. kt의 모든 것을 부정하고 비난하고 가치절하 했습니다. '꼴통 kt'라는 말을 입에 달고 살았습니다. 그렇다고 그 임원의 커리어가 kt를 욕할 수 있는 만큼 대단하지도 않았습니다. CEO의 권력을 믿고 안하무인 행동을 한 것입니다. 체육 행사 때에 차마 믿기 어려운 일도 있었습니다. 자기가 신고 있던 운동화를 벗더니 "승진하고 싶은 ×× 있으면 다 나와!"라고 했답니다. 몇 명이 나갔습니다. 그 사람은 자신이 신고 있던 운동화를 벗더니 거기에 막걸리를 따라 "마셔라!"라고 했습니다. 1960년대 얘기가 아닙니다. 2013년 일입니다.

이미 언급한 품성이 나쁜 사람, 정직하지 않은 사람, 도전 의식이 없는 사람, 책임지지 않는 사람 등 소위 '출세주의의 변형'들은 뽑아서는 안 됩니다. 이런 사람들은 겉으로는 신중하고 주의 깊은 사람, 세심한 사람, 합리적인 사람, 똑똑한 사람으로 포장되어 있습니다. 이런 임원들이 있는 곳엔 변화와 발전이 없습니다. 새롭게 추진하는 사업이 없습니다. 강력하게 추진하는 일이 없습니다. 일정대로 진행되는 일이 없습니다. 이런 사람들이 주요 보직을 장악하고 있는 조직은 희망이 없습니다. 미래가 없습니다. 판단능력이 부족한 무능한 CEO는 이런 사람을 곁에 두고 신뢰합니다.

끼리끼리 자기세력을 만드는 사람은 조직을 병들게 합니다. '누구' 라인이라는 패거리를 만들고 세력을 확대해 나갑니다. 임직원들을 자기 라인과 아닌 사람으로 나눕니다. 조직의 분열은 곧 자신들의 지지기반을 더욱 견고히 하는 기회이자 방법입니다. 능력 있는 임원이라도 자기 라인이 아니면 갖은 음모와 마타도어를 동원해 내칩니다. 능력 없고 부정비리를 저지른 자라도 자기 라인 사람이면 비호하고 승진,

배치, 재복귀 등의 특혜를 부여합니다. 끼리끼리 패거리 세력을 만들거나 협조하는 사람은 임원이 되어서는 절대 안 됩니다. 빨리 뽑아낼수록 기업이 사는 길입니다.

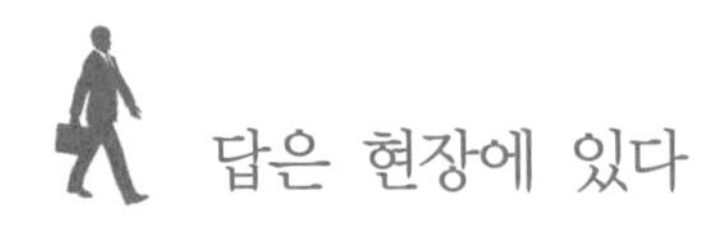

답은 현장에 있다

'현장'하면 뭐가 떠오를까요? 발로 뛰는 곳, 힘들고 어려운 곳, 승진이 늦은 곳, 고객과 만나는 곳, 전쟁터 같은 곳, 가기 싫은 곳, 그러나 중요한 곳 등등의 이미지가 떠오를 것입니다. 전반적으로 좋은 이미지는 아닙니다. 힘들고 어렵고 그러나 대우받지 못하는 곳이라 할까요? 사실이기 때문에 그렇겠죠? 본사 중심의 경영, 경영전략실 중심의 경영이 낳은 결과입니다. 마케팅이나 영업보다 경영기획, 전략, 인사, 총무, 지원, 관리 부서를 중시해온 결과입니다. 현장은 직원들이 가장 가기 싫어하는 곳입니다. 어렵고 힘들고 고객과 직접 만나는 곳인데도 대우받지 못하고 승진이 정체된 곳이기 때문입니다. 물론 최근 현장 중시 경영에 따라 현장에서도 승진자를 많이 배출합니다. 그러나 그 숫자는 본사 조직에 비하면 월등히 적습니다.

과거 kt는 신입 직원이 입사하면 현장 지사에서 1년 6개월을 근무하도록 의무화했습니다. 다른 부서로 이동하기 위해서는 1년 6개월이 지나야 합니다. 일부 신입 직원들이 1년 6개월을 견디지 못하고 회사를 그만두곤 했습니다. 그만큼 현장은 희망이 없는 곳이었습니다. 오래 있어서도 안 될 곳이었습니다. 자신의 성장에 장애가 되는 곳이었습니다.

현장은 생산과 서비스가 이뤄지는 곳

현장은 정말로 그런 곳일까요? 회사에서 천대받고 별 의미가 없는 조직일까요? 없앨 수는 없으니 어쩔 수 없이 유지하는 조직인가요? 절대로 그렇지 않습니다. 현장은 생산과 서비스가 이뤄지는 곳입니다. 회사가 존재할 수 있는 가장 중요한 곳입니다. 현장을 기피하고 꺼리는 직원도 현장이 중요하다는 사실은 알고 있습니다. 다만 중요한 만큼의 대우를 받지 못하고 있다는 것입니다. 그럼 현장은 왜 중요한가요? 현장은 생산이 이뤄지는 곳입니다. 서비스가 제공되는 곳입니다. 고객이 있는 곳입니다. 고객과 만나는 곳이고 고객과 소통하는 곳입니다. 아무리 획기적인 제품을 만들어도 고객이 선택하지 않으면 팔리지 않습니다.

2009년 5월 미국 시사주간지 〈타임〉은 '지난 10년간 기술적으로 실패한 10대 제품'을 선정해 보도한 적이 있습니다. 글로벌 대기업이 개발했고 많은 사람에게 새로운 시대를 열 것으로 기대를 모았습니다. 그러나 소비들의 선택을 받지 못한 채 시장에서 사라졌습니다.

2001년 미국인 디 카멘은 1인용 운송수단인 '세그웨이'를 개발했습니다. 도시의 출퇴근을 바꿀 가장 혁신적인 제품으로 기대를 모았습니다. 애플의 스티브 잡스, 아마존의 제프 베조스도 투자를 했을 정도입니다. 세그웨이는 기술적으로 뛰어난 제품이었습니다. 스스로 균형을 잡는 지능적인 메커니즘을 이용, 탑승자가 넘어지지 않도록 했습니다. 그러나 18개월 동안 고작 6천 대 판매에 그쳤습니다.

1999년 온라인 쇼핑이 확산되기 전입니다. 주문 받은 물건을 소비자 집까지 신속하게 배달해 주는 서비스를 시도한 온라인 슈퍼마켓 '웹밴(Webvan)'은 세계 유통업계 관계자들의 큰 주목을 받았습니다. 슈퍼마켓에서 계산하기 위해 줄 설 필요도 없고, 힘들게 물건을 들고 다닐 필요도 없습니다. 가격비교 사이트에서 가장 싼 가격을 찾을 수 있다는 이점도 있었습니다. 소프트뱅크, 세쿼이어 캐피털, CBS 등에서 8억 달러 이상의 투자도 끌어모았습니다. 그러나 사업을 시작한 지 2년 만에 파산했습니다. 당시 소비자의 행동이나 습관 등의 변화를 유도하지 못했습니다. 소비자들이 보여 온 오프라인 쇼핑습관을 쉽게 바꿀 것이라는 지나치게 앞서간 믿음 때문이었습니다.

1983년 애플은 개인용 컴퓨터 역사에 큰 획을 그을 수 있었던 개인용 PC 'LISA'를 출시했습니다. 'LISA'는 당시로써는 획기적이었습니다. 사상 최초로 마우스를 장착했으며 현재 모든 컴퓨터의 표준이 된 그래픽 인터페이스(GUI), 동시에 두 가지 이상 작업할 수 있는 멀티태스킹 운영체계를 갖추었습니다. 그러나 애플이 자랑스럽게 내놓은 혁신제품은 고작 2만여 대의 판매량을 기록한 채 단종되는 운명을 받아들여야만 했습니다. 소비자는 당시 1만 달러에 이르는 가격이 매우 부담스러웠습니다(《사이언스타임즈》, 2010. 10. 15).

LG전자는 1997년 저소음 진공청소기를 개발 시판했으나 성공하지 못했습니다. 소비자들은 청소기 돌아가는 소리가 작아지자 청소가 제대로 안 되는 것 같다며 구매를 기피했습니다. 저소음 세탁기도 개발 초기엔 빨래가 되는 것 같지 않다며 소비자들은 구매하지 않았습니다. 아무리 획기적인 제품이라도 고객이 선택하지 않으면 실패합니다. 아무리 혁신적인 기술도 소비자 마음을 읽지 못하면 실패합니다.

현장은 고객이 있는 곳

현장은 제품을 구매하는 고객이 있는 곳입니다. 고객이 없는 기업은 존재할 수 없습니다. 고객은 시장을 여는 획기적인 기회를 제공하지만, 기업 문을 닫게도 합니다. 만약 근처 식당에 가서 점심을 먹었는데 맛이 없으면 여러분은 어떻게 합니까? 10명 중 9명은 조용히 나온 후 다시는 가지 않을 겁니다. 불만의 정도가 좀 심하면 지인들에게 "가지 말라."고 입소문을 낼 겁니다.

고객은 제품이나 서비스가 맘에 들지 않으면 조용히 소리 없이 떠납니다. 그럼에도 불구하고 아주 드물게는 "맛이 없다, 짜다."라고 불만을 얘기합니다. 이렇게 말을 해주고 떠나는 고객은 최고의 고객입니다. 무엇이 문제인지 알려주는 고마운 고객이니까요. 기대했던 것보다 맛이 월등히 좋으면 다음에 또 갑니다. 지인들에게 입소문도 냅니다. 긍정적 입소문은 소비자의 태도를 긍정적으로 변화시킵니다. 소비자의 구매의욕을 불러일으켜 판매로 연결됩니다. 기업이나 브랜드에 대한 호의를 향상시키기도 합니다. 긍정적 입소문을 들은 고객은 듣지 않은 고객보다 구매 효과가 3배나 높다고 합니다.

감성시대의 고객들은 과거보다 소비자 의식이 높고 활동적입니다. 긍정적이든 부정적이든 적극적으로 역할을 합니다. 긍정적인 경우보다 부정적인 경험을 할 때 더 적극적으로 항의하고 활동합니다. SNS를 타고 몇 분 만에 전국적인 사건이 되기도 합니다. 고객들은 그들 스스로 가치를 창출하기 위해 마케팅 과정에 관여하기도 합니다. 제품에 대한 반응도 얘기하고, 아이디어도 제시하고, 홍보방법도 제시하는 등 마케터의 역할까지 합니다. 고객은 직원과 달리 소비자의 입장에 있습니다. 사용자의 입장입니다. 따라서 직원의 입장에서 제품을 보는 것보다 상품을 더 세밀하게 평가합니다. 사용자의 입장에서 새로운 대안도 제시합니다. 상품을 직접 선택하여 사용하는 소비자는 어떤 전문가보다 유용한 정보를 줄 수 있습니다.

현장은 이런 소비자들과 만나고 소통하는 곳입니다. 소비자에게 있어 현장 직원은 회사 이미지를 만드는 첫 관문입니다. 현장 직원에 대한 인상이 나쁘면 기업에 대해 좋지 않은 이미지를 가집니다. 114의 경우 위급한 환자의 전화를 받고 119로 신고하여 목숨을 살린 사례도 있습니다. 직원 한 명의 선행이 기업의 이미지를 바꿔놓기도 합니다. 현장 직원에 대한 이미지가 곧 회사 전체의 이미지를 결정합니다. 따라서 현장 직원이 밝고 고마운 모습으로 소비자를 만날 수 있어야 합니다.

현장의 위상부터 바꿔야

현장이 회사 조직 중 가장 가기 싫은 곳이 되는 기업은 미래가 불투명한 기업입니다. 본사가 현장을 휘두르는 기업은 불안한 조직입니다. 본사의 지시대로 움직이거나 본사의 지시에 의존하는 현장은 제 역할을 할 수 없습니다. 도요타는 모든 작업장이 현장 직원 중심으로 설계됩니다. 현장 직원이 작업하기 수월하게 현장 직원 스스로의 아이디어에 의해 만들어집니다. 현장 직원들이 현장의 낭비 요인을 끊임없이 찾아내어 하나씩 제거해 나갑니다. 도요타의 생산성이 타사보다 몇 배 높은 이유입니다.

많은 그룹의 CEO가 현장 중시 경영을 표방합니다. 현대자동차, 포스코, GS 그룹 회장 모두 현장과의 소통을 강조하고 현장을 자주 방문합니다. 현대자동차는 현장 제일주의를 표방하고 있습니다. 고 정주영 회장은 무엇이든 자신의 눈으로 봐야 직성이 풀리는 스타일이었습니다. 때로는 17시간 비행기를 타고 와서도 곧바로 현장으로 달려가기도 했습니다. GS 그룹은 "현장이 강해야 기업이 산다."며 현장 경영을 독려합니다. 전 IBK 조준희 은행장은 건배 구호로 "우리의 문제는 현장에 답이 있다."의 첫 글자를 따서 "우문현답"을 외쳤다고 합니다. 롯데그룹은 계열사 CEO들이 직접 발로 뛰는 현장 경영을 강조합니다.

그런데 CEO의 잦은 현장 방문, 현장 중시, 현장 강조를 현장 직원들은 어떻게 받아들일까요? 좋아라 할까요? 직원들에 대한 압박과 긴장을 강화하기 위한 것입니다. 현장 직원들에 대한 긴장도를 높여 생산성 향상과 불량률 감소 등의 목표를 달성할 수 있을 것입니다. 아무래도 높은 분들이 자주 현장을 방문하고 관심을 가지면 현장은 불편하지만 긴장도는 높아집니다. 그러나 이렇게 해서 높아지는 생산성은 일시적입니다. 긴장상태를 계속 유지할 수는 없습니다. 직원들의 피로도가 높아지기 때문입니다. 일본 미라이공업은 직원의 업무량을 직원들 스스로가 결정했습니다. 현장 직원들은 본사나 높은 분들의 지시나 강조에 의한 현장 중시를 거부합니다. 정말로 기뻐서 웃는 얼굴 모습과 웃는 흉내를 내는 모습은 다릅니다. 고객들은 느낌으로 바로 압니다.

현장 방문은 순시가 아닙니다. 특별한 목적 없이 직원들 격려한다고 방문해서 현장 한 바퀴 둘러봅니다. 간부들 대동하고 현장을 돌면서 몇몇 직원들과 악수합니다. "뭔 문제 없습니까?, 잘 됩니까? 어려운 점은 없습니까?"하고 형식적인 질문 몇 가지 합니다. 현장은 이런 곳이 아닙니다. 이렇게 해서는 제대로 된 현장의 모습도 볼 수 없고 현장 문제를 파악할 수도 없습니다.

2003년 때입니다, 신년이 되어 CEO를 모시고 현장 지사를 방문해서 직원들과 토론을 하면서 애로사항을 파악하였습니다. 처음엔 미리 CEO가 방문하는 날짜와 지사를 공지했습니다. 사전 공지한 대로 분당 지사를 방문했습니다. CEO가 온다고 하니까 건물 전체를 청소하고 토론할 직원들을 사전에 선정해서 준비하고 있었습니다. 아차, 했습니다. CEO 방문이 직원들 청소시키고, 일 못하게 하고, 귀찮게 하고, 고생만 시키는 꼴이 되었습니다. 직원들은 이런 방문을 싫어합니다. 직원들을 힘들게 하는 방문은 목표한 성과를 얻을 수 없습니다. 사전에 준비된 직원들과 토론을 해서는 제대로 된 현장 얘기도 들을 수 없었습니다. 다음부터는 사전에 일체 공지하지 않고 불시에 방문했습니다.

현장을 중시하려면 현장에 대한 위상부터 바꾸어야 합니다. 방문하고, 강조하고, 순시해서 현장이 중시되지 않습니다. 직원들만 더 힘들어집니다. 현장 조직의 위상을 본사 조직보다 높여야 합니다. CEO가 현장 조직을 가장 중요하고 우선시하는 경영을 해야 합니다. 모든 계획과 집행의 우선순위에서 현장을 가장 위에 둬야 합니다. 현장을 본사보다 승진이 빠르고 승진 티오(TO)도 많은 곳으로 바꾸어야 합니다. 부장 이상 승진 시 현장근무 몇 년 이상의 경력을 필요요건으로 만들어야 합니다. 2014년 세월호 침몰 사고 시 해양경찰청 경무관급 이상 간부 14명 중 경비함 함장 출신은 단 한 명도 없었습니다. 해군의 장성들이 대부분 함장 경력을 보유하고 있는 것과는 대조됩니다. 미흡한 초동 조치와 더딘 수색작업은 해경 고위 간부의 현장 경험 부족에 따른 건 아닌지 의심할 수밖에 없습니다(《연합뉴스》, 2014. 5. 1).

성과에 대한 인센티브도 현장 우선으로 타 조직과 크게 차등을 둬야 합니다. 현장은 우수한 인재들이 가는 곳으로 문화와 가치를 바꾸어야 합니다. 현장으로 가라고 하는 게 아니라 가고 싶은 곳으로 각종 여건을 만들어야 합니다. 고객을 만나는 현장 직원에게 최우선 순위를 두는 기업이 가장 이상적인 기업입니다. 사람중심 기업은 현장의 가치를 존중합니다. 직원이 행복해야 고객을 행복하게 할 수 있습니다. 고객이 행복해야 이익을 많이 만들 수 있습니다.

CEO는 현장 직원의 진솔한 얘기를 많이 들어야 합니다. 그들의 욕구와 애로사항을 파악하고 즉시 경영에 반영해야 합니다. 네슬러의 CEO인 피터 브라백레마스는 1년에 거의 4천여 명의 직원을 만난다고 합니다. 본사에 있는 것은 한 달에 불과 일주일 남짓입니다. 생산 현장과 지역본부를 방문해 직원들의 얘기를 듣는다고 합니다. 월마트는 본사와 현장간의 핫라인을 개설했습니다. 현장에 어려운 문제가 있으면 누구라도 아카노 주의 벤톤빌에 있는 본사에 직접 전화를 할 수 있습니다. 샘 월튼은 손수 픽업트럭을 몰고 다니며 고객과 직원들의 얘기를 듣는다고 합니다.

수시로 퇴직이 강요되는 조직엔 희망이 없다

누구나 언젠가는 회사를 떠납니다. 다른 직장으로 옮기기도 하고 직업을 바꾸기도 합니다. 조그마한 자기 사업을 하기도 하고 귀촌이나 귀농도 합니다. 자발적으로 회사를 떠나는 사람들은 크게 원망도 원한도 없습니다. 오히려 새로운 일에 대한 희망과 기대를 하고 떠납니다. 그러나 이렇게 옮기는 사람은 몇 안 됩니다. 수십 대 일 또는 수백 대 일의 경쟁을 뚫고 입사했는데 나이가 들자 구조조정 한다고, 혁신한다고 떠나라 합니다. 경영자의 요구나 집단의 강요에 의해 회사를 떠납니다. 십수 년 이상을 회사에서 근무한 경험자이고 선임자입니다. 평생을 회사에 몸 바쳐 일했던 임직원들입니다.

물론 40대 이상이 되면 참신성도 떨어지고 번뜩이는 아이디어도 적어집니다. 생산성도 저하됩니다. 시간이 지나면서 직원들의 역량은 당연히 약해지고 따라서 변화에 빠르게 대응할 수 있는 능력도 떨어지게 됩니다. 중·장년기를 기업에서 보내는 사람들은 젊은 직원들에 비해 많은 부분에서 떨어지는 역량으로 외면당하거나 무시당하기도 합니다.

반면, 사업을 보는 시각이 다양해지고 폭넓어집니다. 전략과 기획, 마케팅, 영업능력이 높아집니다. 정책수립 능력도 좋아집니다. 위기 관리능력도 뛰어납니다. 젊은 직원들이 따라 할 수 없는 다양한 능력을 보유하게 됩니다. 최근 일본기업들이 정년을 65세로 연장하면서까지 숙련공의 역량을 회사발전에 기여하도록 정책을 바꾸는 이유입니다. 다만, 임금이 높아지므로 비용 측면만을 보면 경영에 부담이 됩니다. 그래서 많은 기업이 여러 가지 방식으로 직원들의 퇴직을 유도합니다. 자연히 중·고령 연령대의 인력은 퇴직 압력을 많이 받습니다.

사람중심 기업경영은 인건비 절감보다는 사람의 핵심역량을 극대화하는데 초점을 둡니다. 즉, 사람을 비용이 아닌 자산으로 봅니다. 지속적인 투자를 통해 사람이 갖고 있는 잠재력을 높임으로써 중장기적으로 조직의 성과를 높이고 경쟁력을 강화하는 것입니다. 기업이 필요한 인력을 선발하는 것은 중요합니다. 그러나 채용한 인력이 나이가 들어도 핵심역량을 지속해서 계발할 수 있도록 과감한 투자를 아끼지 않는 건 더욱 중요합니다. 사람중심 경영은 나이 들어 생산성이 떨어지고 임금 비용이 높아진다고 퇴직을 강요함으로써 이윤을 높이는 방법을 쓰지 않습니다. 오히려 숙련된 경험과 능력을 살리고 직원들의 사기를 높입니다. 평생교육을 통해 역량을 강화함으로써 생산성을 높이고 이윤구조를 개선합니다. 경험과 연령대에 맞는 직무적합 교육으로 차별적인 경쟁력을 확보합니다.

희망이 없어서요

kt는 아무개 회장 때 15년 이상의 경력직원 약 6천명을 명퇴시켰습니다. 자발적인 명퇴라고 하지만 나이와 고과에 따라 예비명단이 작성되었습니다. 또 다른 CEO는 8천여 명을 내보냈습니다. 떠밀려 나가는 직원이 있는가 하면, 더 이상 kt에서 희망을 찾을 수 없어 떠나는 직원도 많았습니다. kt에서 비전을 찾을 수 없는 직원들은 명퇴금을 받고 미련 없이 떠났습니다. 2015년 어느 봄날 헤드헌팅 회사에 근무하는 지인에게서 전화가 왔습니다.

"kt의 요청에 따라 경력 사원을 추천했는데 추천 받은 사람들이 입사하기를 꺼리네요. 왜 그런가요?"

"혹시 그 사람들한테 직접 물어봤어요?"

"아뇨."

"그럼 직접 물어보세요."

며칠 있다 지인한테서 다시 전화가 왔습니다.

"두 가지 이유로 안 들어간다고 하네요. 하나는 매번 CEO가 바뀔 때마다 수천 명씩 잘리는데 들어갔다가 자기도 언제 잘릴지 몰라서 안 들어간다고 하네요. 두 번째는 그 회사가 워낙 망가져서 이제 비전도 없고 희망도 없대요."

직원들이 안정감을 갖고 회사에 헌신할 수 있으려면 우선 장기적인 고용 관계가 전제되어야 합니다. 언제 해고될지 모르는 직장에서 열정을 쏟고 회사 일을 내일 같이 할 수 없습니다. 우리나라 노동자의 고용 안정성은 OECD 국가 중 가장 낮아 늘 불안한 직장 생활을 하고 있습니다. 수시로 퇴직이 강요되는 기업에선 나와 가족의 생활을 보장받을 수 없습니다. 한 살 두 살 나이가 들수록 재취업이 어렵습니다. 노동자의 첫 번째 희망은 지금 근무하는 직장에서 오래 다니는 겁니다. 나이 들어서도 다른 곳으로 옮기는 일 없이 평생을 다니는 겁니다. 만약 아니라면 한 살이라도 젊었을 때 안정적인 직장을 찾아 떠날 수밖에 없습니다.

고용주와 노동자간에 장기적인 고용 관계가 만들어져야 합니다. 미국을 비롯한 서구자본주의 사회는 노동의 유연성을 위해 노동자의 해고요건을 쉽게 했습니다. 그러나 일본의 경제성장기는 달랐습니다. 평생고용을 통해 고용주와 노동자간의 신뢰관계를 형성했습니다. 노동자가 불안해하지 않고 일에 전념할 수 있도록 했습니다. 집단적 의사결정, 장기적 평가와 승진, 직원에 대한 전반적인 관심으로 전후 폐허를 복구하고 빠른 경제성장을 이룩했습니다.

노동자가 나이 들어 생산성이 떨어지면 명예퇴직을 유도하거나 정리해고란 명목으로 일터를 빼앗는 방식으로는 고용주와 노동자의 신뢰관계가 형성될 수 없습니다. 노동자의 열정과 헌신도 기대할 수 없습니다. 최근 정부와 기업은 경영상 필요할 때는 언제든지 노동자를 줄일 수 있는 각종 제도와 법을 만들고 있습니다. 2014년 우리나라 노동자 중 비정규직 노동자가 32퍼센트를 차지할 만큼 비정규직 노동자 고용이 확대되고 있습니다. 기업 측면에서나 나라 전체적으로나 비용을 절감한다는 득보다는 실이 훨씬 큽니다.

제3장

차이를 만드는 경영

혁신은 고객가치를 창조하는 것이다

'혁신'이란 단어는 경영자가 좋아하고 자주 쓰는 말입니다. 혁신하지 않고는 살아남을 수 없다고 합니다. 혁신만이 유일한 대안이라고 합니다. 회의 때나 경영 관련 강의 때 혁신이란 단어가 없으면 얘기가 안 됩니다. 혁신은 끊임없는 변화를 말합니다. 변화하는 시장 환경과 경영환경에 능동적으로 대처하기 위해 기업도 끊임없이 변해야만 살 수 있다고 합니다.

2016년 10대 그룹 신년사에서 가장 많이 쓰인 단어가 '변화'였습니다. 어떤 변화를 의미하나요? 살가죽을 벗기는 고통이 따르는 변화라고 합니다. 혁신의 혁(革)을 '가죽' 혁(革)으로, 신(新)은 '새' 신(新)으로 해석합니다. 고칠 혁(革)이 아닌 가죽 혁(革)으로 해석하는 데는 혁신이 '살가죽을 벗기는 고통'과 유사하기 때문이랍니다. 즉, 혁신을 인력 구조조정이나 잘못된 프로세스와 시스템을 바꿔 효율성을 높이는 개혁으로 이해하기 때문입니다.

그런데 한번 곰곰이 생각해보세요. 직원들 내쫓아서 남는 게 비용절감 외에 또 뭐가 있나요? 혁신이 끊임없이 변화하고 새로워지는 것이라지만 뭐가 새로워지나요? 재무제표상의 인건비가 감소한 것 외에 뭐가 더 달라졌나요? 없습니다. 새로워진 건 아무것도 없습니다. 기껏해야 돈 주고 강제로 내쫓는 명예퇴직이나, 경영합리화를 하고 혁신했다고 합니다. 혁신은 구조조정과 비용절감이라는 공식에서 탈피하지 못했기 때문입니다.

혁신이 자신의 '살가죽을 벗기는 고통'을 수반하거나 그런 의미를 가질 때 이미 혁신은 실패한 것입니다. 실패할 수밖에 없습니다. 많은 기업이 혁신을 한다고 했지만 수없이 실패했습니다. 어느 직원이 스스로 살가죽을 벗기는 고통을 감내하려고 하겠습니까? 어느 누가 스스로 구조조정의 대상이 되려고 합니까? 직원들은 살가죽을 벗기는 고통이 아니어도 변화 자체를 꺼리고 기피합니다. 그런데 감내하기 어려운 고통까지 수반한다면 누가 선뜻 앞장서겠습니까? 누가 자발적으로 동조하고 찬성하겠습니까? 직원들의 동의를 얻을 수 없습니다. 직원들의 뜻과 의견이 반영될 수 없습니다. 위로부터 강압적으로 추진될 수밖에 없습니다. 당연히 개인적으로도 반대하고 조직적으로도 반대 행동에 나설 것입니다. 직원들이 반대하고 거부하는 변화와 개혁은 성공할 수 없습니다.

혁신이 '살가죽을 벗기는 고통'을 수반하는 변화나 개혁이 아니라면 도대체 무엇인가요? 혁신이 인력 구조조정이나 경영합리화가 아니라면 무엇인가요? 《리틀 빅 씽》의 저자이자 경영 석학인 톰 피터스는 혁신은 '또 다른 햄버거를 내놓지 않는 것'이라고 합니다. 즉, 혁신은 겉만 다른 게 아니라 본질이 다른 새로운 가치혁신을 의미한다고 합니다. 미국 SRI 인터내셔널의 커티스 칼슨과 윌리엄 윌못은 《혁신이란 무엇인가》에서 "혁신은 고객가치를 창조하는 것"이라고 했습니다. 경영의 구루 피터 드러커는 혁신은 "소비자들이 이제껏 느껴온 가치와 만족에 변화를 일으키는 활동"이라고 합니다. 혁신의 중심은 기업이 아닌 고객입니다.

혁신은 고객에게 새로운 가치를 주는 것

혁신은 구조조정도 아니고 조직을 축소하고 비용을 절감하여 경영 효율성을 높이는 것도 아닙니다. 자신의 살가죽을 벗기는 고통을 감내해야 하는 것은 더더욱 아닙니다. 사람중심 기업의 혁신은 '고객에게 새로운 가치를 주는 것'입니다. 고객이 원하는 것을 창조하는 것, '고객가치를 창조하는 것'이 혁신입니다. 기업조직의 변화와 개혁이 아니라 고객 중심의 가치를 창조하는 것입니다. 고객이 원하는 욕구를 만족시켜 삶의 질을 변화시키는 것입니다.

고객 없이는 사업도 없고 이윤도 없습니다. 단순히 창의적인 아이디어를 모집한다든가 새로운 조직을 만드는 게 아닙니다. 고객의 필요와 욕구를 제대로 파악해야 합니다. 신제품이 시장에서 실패하는 주된 원인은 바로 고객들이 원하지 않기 때문입니다. LG 전자가 인도네시아에서 히트한 조류독감 방지 에어컨은 철저히 인도네시아 국민의 필요와 욕구를 파악해서 만들었기 때문입니다. 아이팟, 아이폰, 김치냉장고, 컴퓨터 마우스, 페이스북 등이 그렇습니다. 고객의 욕구에 기초한 혁신적인 제품은 산업을 만들고 시대를 바꿉니다.

혁신의 성과도 기업이 아닌 고객에게 돌아가야 합니다. 혁신의 중심에는 기업이 아닌 고객이 있어야 합니다. 필립 코틀러는 "소비자들의 진심에 귀를 기울이며 끊임없이 혁신하는 기업들만이 생존 대열에 합류할 수 있다."라고 했습니다. 혁신의 중심은 이제 기업이 아니라 고객입니다. 혁신은 고객의 삶을 바꿉니다.

고객가치를 창조한다는 의미는 다른 한편으로는 기업의 지속성장을 가능케 하는 '신성장엔진'을 발굴하는 것입니다. 고객이 원하는 새로운 가치를 창조한다는 것은 기업의 입장에선 새로운 아이템이며 새로운 사업입니다. 직원들이 반대하거나 거부할 이유도 없습니다. 살가죽을 벗기는 고통을 수반하지도 않습니다. 고객이 원하는 가치를 창조함으로써 기업은 지속적인 성장을 할 수 있습니다. 고객과 친구를 하면 됩니다. 고객의 얘기를 들으면 됩니다. 고객은 자기 얘기를 하고 싶어 합니다. 자기만의 특화된 서비스를 받고 싶어 합니다. 누구나 받을 수 있는 서비스라면 차라리 거부합니다.

이제는 차별화를 넘어 개인화된 고객가치를 창조해야 합니다. 자기 분야에 대한 권한과 열정을 가진 직원을 모아야 합니다. 그리고 CEO 한 사람 또는 경영자 일부가 아니라 조직 전체가 고객가치를 중심으로 움직여야 합니다.

인재를 내쫓는 구조조정

장기적이고 안정적인 고용 관계는 사람중심 기업의 핵심 요건입니다. 안정된 생활과 심리적 안정이 담보될 때 직원들은 회사를 위해 헌신하고 희생합니다. 많은 기업이 경영위기 등 어려운 시기에 직원들을 내보냅니다. 명예퇴직을 유도합니다. 인력 구조조정을 합니다. 10년 또는 15년 이상 근무한 경력직 직원을 대상으로 합니다. 임금도 높고 생산성이 떨어지는 중년층 이상을 대상으로 합니다. 직원 1인당 인건비를 계산해서 내보낼 직원 수를 산정합니다. 직원은 언제나 감원할 수 있는 비용입니다. 경쟁력의 원천이 아닙니다. 자산이 아닙니다.

신임 CEO들은 부임 초기에 구조조정을 많이 합니다. 2009년 6천명, 2014년 8천3백 명 모두 신임 회장이 부임하던 첫해에 추진한 명퇴입니다. 부임 초기엔 사업을 재정비하고 조직을 개편하고 임원을 재배치하는 과정에서 당위성이 앞서기 때문입니다. 물론 부임 초기 신임 CEO는 회사에 대해 구체적으로 알지 못합니다. 조직 문화도 모르고 핵심가치도 모릅니다. 사업도 아직은 잘 모릅니다. 임직원들에 대해서도 주변 사람의 얘기만 들었을 뿐 직접 겪어보지 않았습니다. 임직원들도 신임 경영자를 아직 모릅니다. CEO가 어떤 분인지, 경영철학이 무엇인지, 경영방향은 어떤지, 무얼 중요시 하는지 모릅니다. CEO가 회사의 문화와 가치, 사업에 대해 얼마나 분석하고 파악했는지 모릅니다. 회사를 어떻게 이끌어갈지 아직 모릅니다. 어려움을 극복하고 회복시킬 수 있을지 믿을 수 없습니다.

그런데 부임하자마자 직원들 내쫓는 명퇴부터 합니다. 회사를 경영해보고, 이 방법 저 방법 다 해봤는데도 어쩔 수 없어 시행한다면 이해합니다. 회사가 위기이며 비용을 절감하는 방법이 구조조정밖에 없다면 이해합니다. 그러나 아무것도 시도해보지 않고 자신의 구상대로 직원들을 내쫓는 것은 받아들일 수 없습니다. 부임해서 임원들이 보고한 업무보고서 잉크가 마르기도 전입니다. 부임 초기는 직원들이 긴장하고 초조해 할 때입니다. 어떤 변화가 있을 것이라고 예상하며 두려움에 움츠려 있을 때입니다. 이때를 구조조정의 기회로 잡습니다. 부임 초기는 시기나 상황에 있어 CEO의 기가 가장 셀 때이고 저항은 가장 약할 때입니다.

비씨월드제약의 홍성한 사장은 극동제약을 인수하면서 조직에는 전혀 손을 대지 않았습니다. 기존 회사의 문화와 가치, 직원들을 존중하고 배려한 것입니다. 누구라도 부임 초기에는 정확히 파악하지 못한 상태에서 자기 구상대로 칼을 대고 싶어 할 것입니다. 마음이 급합니다. 짧은 시간 내에 가시적인 효과를 보여주고 싶어 안달입니다. 그러나 참아야 합니다. 기존 조직의 문화와 가치, 직원들을 먼저 존중하고 배려해야 합니다. 특정인의 말만 듣고 오류를 범해서는 안 됩니다.

무슨 한풀이라도 하듯이 조직과 임직원에게 화풀이하면 회사는 망가집니다. 더구나 전임 경영진들이 잘못한 경영파탄의 책임을 죄 없는 직원들에게 돌려서는 안 됩니다. 직원들은 잘못한 게 없습니다. 경영진이 시키는 대로 했을 뿐입니다. 고통 받은 직원들은 보호받아야 할 대상이지 감원의 대상이 아닙니다. 직원들이 그 부담을 짊어져야 할 이유가 없습니다. 직원들에게 책임을 물으려면 우선 경영진이 가슴 아프게 반성하고 사과해야 합니다. 전임 CEO의 경영파탄에 협력하고 일조하고 충성했던 임원, 그 대가로 승진한 임원부터 회사를 떠나야 합니다. 그러나 그들은 사과와 반성은커녕 더 활개치고 있습니다. 전임 CEO가 외부에서 영입했던 임원들과 특정 라인이 아닌 임원들만 떠났습니다. 죄 없는 직원을 내쫓는 것은 정당성도 합리성도 공정성도 없습니다. 어떠한 책임도 지지 않으려는 경영자가 살아가는 방식일 뿐입니다. 단기간에 가시적인 성과를 만들기 위한 욕심입니다.

명퇴는 비용절감을 위해 합니다. 그러나 비용절감이 목적은 아닙니다. 비용절감을 통해 재무구조를 건전하게 하고 성장할 수 있는 기반을 만들어야 합니다. 명퇴 목적은 여기에 있어야 합니다. 그러나 단기간에 외부에 보여지는 재무제표상의 가시적인 건전성만을 목적으로 하는 경우가 많습니다. 보도자료 상의 영업이익 흑자를 홍보하여 CEO의 경영 능력을 보여주기 위함이지요. 대주주가 아닌 외부에서 영입된 CEO가 많이 행하는 모습입니다.

직원이 경쟁력이다

직원은 회사의 자산입니다. 핵심 경쟁력입니다. 명퇴를 통해 성장 기반을 찾지 못한다면, 자산도 잃고 경쟁력도 상실하고 성장기회도 잃게 됩니다. 기업의 문화와 가치에 적합한 경력직 직원 한 사람을 길러내려면 긴 시간과 많은 비용이 들어갑니다. 명퇴는 가장 마지막에 해야 하는 방법입니다. 명퇴로 비용을 절감하는 건 가장 쉬운 방법이며 누구나 할 수 있습니다. 부임 초기 몇 명을 명퇴시켰다는 것은 자랑스러워해야 할 일이 결코 아닙니다. 부끄러운 일입니다. 능력이 부족한 CEO가 명퇴로밖에 비용절감을 할 수 없기에 하는 방법입니다. 직원을 감원하는 건 구조조정의 한 방법이긴 하지만 가장 마지막에 해야 합니다. 직원은 기업의 자산이고 핵심 경쟁력입니다. 마지막까지 지켜야 할 핵심역량입니다. 핵심역량인 직원을 잃으면 모든 것을 잃는 것과 같습니다.

명퇴를 추진했는데, 나가야 할 사람은 남아 있고 우수한 직원이 나가는 경우가 있습니다. 역량이 있는 직원은 다른 회사로 재취업을 할 수 있습니다. 결국 회사의 인력 손실만을 초래합니다. 회사에 비전이 없을 때, 더 이상 희망이 없을 때 그렇게 됩니다. 경영진을 신뢰할 수 없을 때 나갑니다. 회사의 경쟁력이 급격히 약화됩니다. kt의 경우 2009년엔 약 6천 명이 명퇴했습니다. 그러나 2014년엔 6천 명을 예상했는데 8천3백 명이 명퇴를 했습니다. 2009년 대비 2014년에 kt의 내일을 어둡게 보는 직원들이 훨씬 더 많아졌다는 걸 의미합니다. kt에서 더 이상 희망을 찾을 수 없다는 것입니다. 더 이상 남아 있을 이유를 찾지 못했다는 것입니다.

명퇴를 신청한 직원들에게 "왜 회사를 떠나느냐?"고 물었습니다. 많은 직원이 비전 없는 기업에 남아 있느니 목돈이라도 손에 쥐려고 명퇴한다고 대답합니다. kt에서 십수 년 이상을 근무한 직원들은 결국 kt를 버렸습니다. 몇 년 동안 망가지는 회사를 보며 가슴 아프게 견뎌왔던 직원들입니다. 새로운 CEO는 그 직원들에게 희망을 주지 못했습니다. 미래를 주지 못했습니다. 신뢰를 주지 못했습니다. 내일에 대한 불안과 걱정을 해소해주지 못했습니다. 믿음을 주지 못했습니다. kt 입장에선 예상치 못했던 결과였고 우수인력이 많이 나갔습니다. 혹시나 예상보다 더 많이 신청했다고 좋아하지는 않았는지 모르겠습니다.

2015년 재무건전성은 조금 나아졌습니다. 영업이익도 흑자로 전환되었습니다. 홍보도 했습니다. 새로운 경영진이 사업을 잘한 것같이 보도자료도 내고 기자간담회도 가졌습니다. 그러나 사업이익이 개선된 건 아니었습니다. 많은 직원이 회사를 떠나면서 재무건전성은 좋아졌으나 생존 가능한 신성장동력은 찾지 못하고 있습니다. 시장에서 kt만의 경쟁력을 만들지 못했습니다. 직원들은 많이 힘들어 합니다. 과거에 비해 통제와 감시가 심해졌다고 합니다. 근무환경은 더 열악해졌습니다. 대규모 인력을 감원하여 비용은 절감했으나 변화는 없었습니다. 혁신은 없었습니다. 새로운 고객가치를 창출하지 못했습니다.

임금피크제 두 세대를 망하게 한다

사람중심 경영은 장기적인 고용계약의 안정을 지향합니다. 직원들이 나이가 들어 생산성이 떨어진다고, 임금이 높다고 퇴직을 강요하는 관계가 아닙니다. 나이가 들고 경력이 쌓이면 그에 맞게 요구되는 직무가 있습니다. 평생학습 체계를 만들어 나이와 경력에 맞는 직무교육을 통해 직원들의 역량을 향상시키는 것입니다. 인건비를 절감하기보다 사람의 핵심역량을 높이는 것입니다. 차별화된 경쟁력을 갖추는 것입니다. 능력 없는 경영자만이 직원들의 퇴직을 강요합니다.

물론 급변하는 환경에서 인력을 유연하게 운영해야 하는 절실함을 외면하거나 무시하는 건 아닙니다. 하지만 필요할 때 쓰고, 필요 없을 땐 언제라도 내치는 방식으로는 직원들의 헌신성을 기대할 수 없습니다. 직원들의 열정도 사라집니다. 조직의 성과와 경쟁력도 약화될 수밖에 없습니다. 멘스웨어하우스는 불경기에서조차 직원들을 해고하지 않았습니다. 직원들에 대한 투자와 인센티브를 하나도 줄이지 않았습니다. 그 결과 주인의식에 기반한 직원들의 열정과 헌신을 불러일으킬 수 있었으며 높은 성과로 나타났습니다.

요즘 정부와 재계는 임금피크제 확대와 저성과자의 해고조건을 완화하는 소위 '노동개혁'을 밀어붙이고 있습니다. 심혈을 기울여 마련한 정책이라 합니다. 그런데 어쩐지 소름이 끼칩니다. 1980년대 이후 한국 경제성장과 함께 해온 아버지 세대를 청년 일자리를 가로막는 탐욕스러운 세대로 몰아붙입니다. 명목상으로는 아버지 일자리 빼앗고 월급 깎아 자식에게 주겠다는 것입니다. 그러나 실제는 다릅니다. 2016년부터 시행되는 3백 인 이상 사업장의 직원 정년이 60세로 의무화되면서 기업의 인건비 부담을 줄여주겠다는 것입니다. 재계는 임금피크제에 대해 별 관심도 없었습니다. 그러나 2013년 '정년 60세 의무화'가 결정된 후 재계는 발 빠르게 방향을 틀었습니다. 정년 연장으로 손해를 보게 됐으니 임금피크제라도 도입해서 부담을 줄여달라는 것입니다.

임금피크제는 청년 일자리와는 관계가 없습니다. 아버지 세대를 직장에서 내쫓는다고 청년 일자리가 늘어나는 것이 아닙니다. 이론적 근거나 실증적 증거도 없습니다. '1994년 경제협력개발기구(OECD)는 청년 실업 해소를 위해 장년층의 조기 은퇴를 유도하는 정책을 권고했습니다. 그러나 10년 후인 2005년에 오류'를 시인하고 이 정책을 폐기했습니다. 고용노동부도 '2013년 12월 고령자 고용이 청년 일자리를 잠식한다는 견해는 기본 전제가 잘못된 오류'라고 발표했습니다(《중앙시사매거진》, 2015. 9. 28, 1304호).

2015년 12월 1일 일본 혼다자동차는 직원들의 정년을 60세에서 65세로 연장한다고 발표했습니다. 인건비가 증가하지만 숙련된 노동자를 확보해 생산성을 높일 수 있으므로 손해가 아니라고 합니다. 일본 정부는 정년 연장이 젊은 층 일자리를 빼앗는 것이 아닌가 하는 우려에 대해 이미 '아니다'는 결론을 내렸습니다. 청년 고용은 경기에 따라

결정되는 것이고, 젊은 노동력과 숙련된 노동력은 질적으로 달라 상충 관계가 아니라는 게 일본 정부의 판단입니다.

일본에서는 직원들의 정년을 연장하는 움직임이 업종을 불문하고 확산되고 있습니다. 일본 최대 패밀리 레스토랑인 스카이락은 지난 9월부터 직원의 정년을 60세에서 65세로 연장했습니다. 일본 최대 증권사인 노무라증권도 4월부터 일부 직원의 정년을 65세로 연장하고, 최장 70세까지 재고용하고 있습니다. 일본 주택건설회사인 다이와하우스와 주류업체인 산토리홀딩스는 이미 지난 2013년에 65세 정년제를 각각 도입했습니다.

청년 일자리 창출과 관계없는 노동개혁

정부나 재계의 주장대로 아버지 월급 빼앗아 청년들에게 주려면 임금피크제로 절감한 비용을 모두 청년 고용에 투입해야 합니다. 그러나 그렇게 되지 않으리라는 것은 불을 보듯 뻔합니다. 빼앗은 아버지 월급으로 청년 일자리를 늘리는지 감시할 기구나 제도가 없습니다. 강제할 수단도 없습니다. 기업은 비용만 아끼고 실제 청년 고용효과는 크지 않을 것입니다.

기업들은 이미 10여 년 전에 임금피크제를 도입했습니다. 그러나 도입비율이 10퍼센트 수준에 불과했습니다. 임금피크제에 들어간 직원들은 더 이상 조직에 열정도 헌신도 하지 않았습니다. 당연히 성과도 성취감도 떨어졌습니다. 비용절감 대비 기대효과가 너무 낮았습니다.

이번에 추진하는 임금피크제에 대해 정부는 명목상으로는 노동자들의 고용을 연장하기 위해 한다고 합니다. 그러나 기업의 의도는 이와 다릅니다. 기업은 내년부터 정년 연장 의무화가 실시되자 더 이상 명예퇴직을 할 수 없는 상황에서 그 대안으로 도입하는 것입니다. 즉, 정년 연장에 따른 비용을 절감하기 위해서입니다. 당연히 절감되는 비용은 청년들의 신규채용에 전액 사용되지 않을 것입니다.

그런데도 정부는 노동개혁을 하지 않으면 곧 나라가 망할 것같이 호들갑을 떱니다. 노동개혁을 하지 않으면 우리의 미래를 담보할 수 없다고 협박합니다. 미국 오바마 대통령도 노동개혁을 추진하고 있습니다. 오바마 개혁은 파견업체를 통해 고용한 원청업체에도 '공동사용자' 지위를 부여하고, 최저임금 인상, 초과근로수당 인상, 유급 병가제 도입 등을 핵심으로 합니다. 노동자의 권리를 확대하고 혜택을 늘리는 제도입니다. 임금을 삭감하고 노동 권리를 축소하는 우리와는 정반대 방향의 개혁입니다. 오바마 대통령은 노동절 연설에서 "노조가 없거나 노조를 금지한 나라에서 가혹한 착취가 일어나고, 노동자들은 늘 산재를 입고 보호받지 못한다. 이것은 노조운동이 없기 때문"이라며, "모든 작업장은 우리의 노동가족들의 가치와 존엄을 반영해야 한다. 그것이 우리가 노동자 안전과 노동자 조직결성을 위해 싸우는 이유"라고 말했습니다(《한겨레》, 2015. 9. 14, 8면).

우리는 기억합니다. 5공화국 때 '평화의 댐' 모금, MB 정부 때 '4대강 사업' 등이 국민을 상대로 한 사기극이었다는 것을. 63빌딩의 3분의 2까지 물이 찬다며 대학교수들까지 동원하여 코흘리개 아이들 호주머니까지 털어냈습니다. 지금 어떤가요? '평화의 댐' 한 번 가보셨나요? 물막이 공사뿐입니다. '4대강 사업'은 어떤가요? 어떤 효과가 있나요? 강은 썩어 가고 있고, 유지비용만도 매년 수천억 원에 이릅니다. MB 정부 추진자들은 역사가 평가할 거라고 말합니다.

독일도 오래전에 우리의 4대강과 유사한 라인 강 사업을 했습니다. 강에 보를 설치하고 강바닥을 파냈습니다. 그러나 강물은 썩어들어가고 역행침식으로 강변도로가 유실되고 지류에서 홍수가 발생하였습니다. 결국 실패를 인정하고 막대한 비용을 들여 복구하고 있습니다. 강물을 막은 보를 없애고 자갈과 모래로 강바닥을 다시 메우고 있습니다.

MB 정부가 4대강 사업의 모델로 제시한 나라 중 한 나라가 네덜란드라고 합니다. 그러나 네덜란드에선 강에 보를 만들지도 않고, 강바닥을 파내지도 않았습니다. 오세훈 서울시장 때 2조1천억 원을 들여 만든 경인운하도 마찬가지입니다. 한 시간도 안 되는 거리를 화물차로 선착장까지 운반한 다음 배에 싣고 가서 다시 화물차로 옮기는 번거로움과 시간 낭비를 해야 합니다. 경인운하에 한 번 가보셨나요? 화물선이 얼마나 다니던가요?

박근혜 정부는 독일의 '하르츠 개혁'을 모델로 노동개혁을 추진했다고 합니다. 결론부터 말하면 독일에서의 하르츠 개혁은 실패했고, 개혁의 부작용으로 사회적 문제가 불거졌습니다. 이에 따라 정부 주도의 재개혁이 추진 중에 있습니다. 하르츠 개혁은 높은 실업률과 낮은 생산성으로 위기를 느낀 사회민주당이 2002년 추진한 개혁입니다. 독일식 유럽병의 원인을 강성노조와 방만한 복지재정이라고 봤습니다. 개혁도 민간 기업에 맡겼습니다. 폭스바겐의 페터 하르츠 이사가 주축이 되어 추진했습니다. 그러나 우리와 같이 임금피크제나 해고 요건을 완화하는 게 아니었습니다. 실업급여와 연금제도를 손본 것입니다. 실업급여의 수급 기간을 32개월에서 12개월로 단축했고 미니 잡을 만들어 탄력적 저임금 일자리를 늘린 것입니다. 하르츠 개혁을 추진한 슈뢰더 전 총리는 개혁 이후 지지율이 급락했고 지금은 독일에서 잊혀진 사람입니다. 근데 뭘 모델로 삼았다는 것인지 이해할 수 없습니다.

더구나 독일과 한국은 상황이 전혀 다릅니다. 독일은 지역사회와 촘촘히 얽힌 중소기업 중심의 산업구조를 갖고 있습니다. 사회보장제도 또한 한국과는 비교되지 않습니다. 그러나 한국은 모든 경쟁력이 대기업에 집중되어 있습니다. 정부 정책도, 수출도, 복지도 대기업 중심입니다. 사회보장제도는 제대로 갖춰지지 않아 OECD 최하위에 머물고 있습니다. 개인의 후생을 오롯이 가족이 책임져야 합니다(《조선일보》, 2015. 9. 7). 노후도 자신이 책임져야 합니다. 여기에 정부는 없습니다. 이런 구조에서 노동개혁을 했다가는 사회 전체가 한꺼번에 무너질 수 있습니다. "아버지 임금은 삭감되고, 그 돈은 청년 신규 채용에 사용되지 않고 기업의 유보금으로 쌓인다면 아버지 세대와 자식 세대 모두 망가지게 됩니다."(《중앙시사매거진》, 2015. 9. 28, 1304호).

임시직 · 계약직, 약이 아니라 독이다

얼마 전에 〈미생〉이란 드라마가 인기리에 방영되었습니다. 인턴사원인 주인공 '장그래'를 통해 우리 사회에 일반화된 비정규직에 대한 차별과 아픔과 설움을 다뤄 많은 시청자의 가슴을 울렸던 드라마입니다. 우리의 현실과도 같이 장그래는 끝내 정규직으로 채용되지 못하고 드라마는 종영했습니다.

2015년 11월, 학교 경비원으로 일하던 50대 비정규직 근로자가 근무 도중 쓰러져 사망하는 사건이 있었습니다. 이분은 한 용역업체에서 비정규직으로 고용돼 3월부터 이 학교의 경비로 일했습니다. 오후 4시 30분 학교로 출근해 다음 날 오전 8시까지 총 15~16시간을 일했습니다. 8시간을 쉬고 다시 출근하는 생활을 반복했습니다. 받는 월급은 백만 원 안쪽이었다고 합니다.

세월호 참사로 목숨을 잃은 김초원·이지혜 단원고 교사가 공무원연금법상 순직공무원으로 인정받지 못하고 있습니다. 신분상 정식 공무원이 아닌 계약직 기간제 교사이기 때문입니다. 인사혁신처 관계자는 "기간제 교사의 경우 담임을 맡아 다른 교사들과 같은 직무를 수행했지만 신분상 공무원이 아니어서 순직공무원으로 인정받지 못했다."고 합니다. 두 교사는 사고 당시 탈출하기 가장 쉬운 5층에 머물렀으나 시신은 4층 담임을 맡은 반 아이들과 함께 발견됐습니다. 탈출할 수 있었지만 아이들을 구조하기 위해 4층으로 내려간 것으로 추정합니다. 아이들 구조를 위해 목숨을 잃었음에도 단지 기간제 교사라는 '신분' 때문에 사망 이후까지도 차별받고 있습니다.

사람중심 경영은 고용주와 노동자와의 안정적인 고용 관계를 지향한다고 이미 언급했습니다. 어떠한 어려움이 있더라도 최대한 지키려고 노력할 때 고용주와 노동자간의 신뢰가 만들어지는 것입니다. 장기적인 고용 관계가 만들어질 때 노동자들은 안정을 찾을 수 있습니다. 안정된 고용 관계에서 조직에 대한 신뢰와 헌신도 기대할 수 있으며 그에 따른 높은 성과도 얻을 수 있습니다.

그러나 정부가 추진하는 노동개혁에서도 볼 수 있듯이 정부와 재계는 늘 노동자의 고용 불안정을 부추깁니다. 늘 노동자를 불안하게 합니다. 불안과 공포를 통해 조직을 장악하고 노동자를 통제하려고 합니다. 불안과 공포를 통해 강제로 생산성을 높이려 합니다. 노동자를 경쟁력의 핵심으로 보지 않고 비용으로만 보기 때문입니다. 정해진 시간에 생산성을 높이기 위해 불안과 공포를 동원합니다. 불안과 공포를 통해 노동자들이 단결하거나 노동조합을 결성하는 것을 막으려고 합니다.

박근혜 대통령의 후보 시절 10대 공약 중에는 △상시 · 지속적인 업무를 담당하는 비정규직 근로자는 실질적인 고용 안정이 이뤄질 수 있도록 함. △공공부문부터 상시·지속적인 업무에 관해서는 2015년까지 정규직으로 전환하도록 함. △대기업의 정규직 전환을 유도한다고 했습니다. 그러나 현실은 거꾸로 가고 있습니다. 정부에 의해 해고요건을 완화하는 법률이 추진되고 있습니다. 시키는 대로 맡은 일만 하기를 강요합니다. 노동자들의 아이디어나 잠재력, 창조성엔 별 관심도 없습니다.

그래서 가능하다면 비용이 적게 드는 임시직, 계약직 노동자를 고용합니다. 기업의 사회적 책임 중의 하나가 곧 고용입니다. 하지만 '사회적 책임' 운운은 광고 때만 사용하는 용어일 뿐입니다. 우리나라 비정규직 노동자 비중이 경제협력개발기구(OECD) 평균 2배에 달하는 것으로 나타났습니다. 2014년 8월 기준으로 비정규직 고용비율이 임금노동자 총 1천877만 명 중 607만 명으로 전체의 32.4퍼센트에 이릅니다. 비정규직에서 정규직으로 전환하는 비율도 22.4퍼센트로 OECD 평균 53.8퍼센트의 절반에도 미치지 못합니다. 기업이 비정규직을 선호하는 것은 필요할 땐 쓰고, 필요 없을 땐 감원할 수 있는 고용의 유연성과 인건비 절감 때문입니다. 2014년 정규직 평균 임금은 260만 4천 원인 반면, 비정규직 평균임금은 정규직의 56퍼센트에 불과한 145만 3천 원입니다. 비정규직이 줄어들지 않는 이유이기도 합니다.

고용 불안정을 부추기는 정부

비정규직은 1970년대의 세계경제 침체를 배경으로 출현한 신자유주의적 경제정책의 등장으로 확산되었습니다. 신자유주의적 경제정책은 재정긴축, 민영화, 시장자유화, 외국인 투자 촉진 등을 핵심으로 하였습니다. 여기에 복지예산 축소를 통한 재정긴축, 공기업 민영화, 시장

개방, 금융시장 개방, 노동시장 규제완화 등이 주요 과제로 추진되었습니다. 1980년대 지식기반 경제 체제로의 재편에 대해 기업은 사람을 경쟁력의 핵심원천으로 삼아 극복할 생각을 하지 못했습니다. 역으로 급변하는 시장에 빠르게 대처할 수 있는 유연한 경영전략, 즉, 노동의 유연성(해고 요건 완화, 비정규직 채용 등) 정책을 택했습니다. 시간제 근무 고용과 임시고용이 늘어나기 시작했습니다. 물론 유럽 등 선진국은 노동시장에서 이탈하는 실업자를 보호할 수 있는 사회안전망을 구축하였습니다. 선진국에서의 노동(고용)의 유연성이란 노동시장과 사회안전망을 동시에 포괄하는 개념입니다.

한국은 1993년 김영삼 정부 출범 이후 '세계화'라는 구호 아래 추진되었습니다. 그러나 본격적으로 도입된 것은 1997년 외환위기 이후 IMF 구조조정에 따라 강제적으로 이뤄졌습니다. 선진국과 같이 실업자들을 보호하는 '사회안전망' 없이 추진되었기에 노동자들의 고통은 더욱 컸습니다.

비정규직 노동자는 정규직 노동자와 같은 일을 하면서도 임금은 그들의 55퍼센트 수준밖에 받지 못하고 있습니다. 정규직 노동자한테조차도 차별대우를 받고 있습니다. 목구멍이 포도청이라고 어쩔 수 없이 살고 있다고 해도 과언은 아닙니다. 〈신분차별 서울대, 무기직엔 '서럽대'〉기사에 따르면, 서울대 한 연구센터의 무기계약직(매년 계약직 갱신) K 씨는 17년이나 일해도 직장어린이집을 이용할 수 없다고 합니다. 신분증도 법인 정규직은 청색, 무기직은 회색으로 구분한다고 합니다. 도서관을 이용할 때도 정규직은 20권을 30일간 빌릴 수 있지만 무기직은 10권을 14일 동안만 빌릴 수 있다고 합니다. 정규직은 서울대 산하 병원 4곳에서 의료비 지원을 받을 수 있지만 무기직은 예외라고 합니다(《한겨레》, 2015. 10. 6, 9면).

비정규직한테 기업이나 조직은 어떤 의미일까요? 잠재적 역량을 발휘할 수 있는 곳인가요? 회사를 믿고 가족을 꾸리고 자식들을 키울 수 있을까요? 자신의 꿈과 비전을 달성할 수 있는 일터일까요? 자아 실현을 할 수 있는 장일까요? 죽지 않기 위해 어쩔 수 없이 다니는 지옥 같은 장소입니다. 어떻게 하면 지금 다니던 직장이나 조직을 그만두고 더 좋은 곳으로 옮길까를 간절히 바랄 것입니다. 비정규직은 차별을 시정해 달라고 요구할 수도 없습니다. 만약 그렇게 한다면 그나마 다니던 직장에서 해고를 각오해야 합니다.

비정규직을 고용한 조직이나 기업은 단기적으로는 임금 절감에 따른 이익을 얻을 수 있을 것입니다. 그러나 기업이나 조직이 어려움에 처해 직원들의 헌신적 노력과 희생이 필요할 때 비정규직 직원들은 어떤 입장을 취할까요? 비인간적, 비인격적 대우를 하고도 회사가 어려울 때만 직원들의 희생을 요구할 수 있을까요? 비정규직한테 주인정신도, 조직에 대한 신뢰와 헌신도, 희생도 기대할 수 없습니다. 비정규직 직원들의 창조적 아이디어도 이끌어 낼 수 없습니다. 비정규직의 불안은 정규직의 안정마저도 위협할 것입니다.

회사가 어려워지면 노동자는 미련 없이 떠납니다. 하루 벌어 하루 먹고 살아야 하는 비정규직한테 직장의 불안정은 곧 생활의 불안정, 생명의 위협을 초래하기 때문입니다. 따라서 비용절감 대비 성과 저하,

조직에의 신뢰 악화, 그리고 몰입도 약화를 비교하면 중장기적으로 비용절감 효과는 큰 의미가 없습니다. 약인지 알고 비정규직을 썼는데 독이 된 꼴입니다. 기업이나 조직은 이 점을 곰곰이 새겨봐야 할 것입니다.

위기는 위기일 뿐이다

조직을 경영하다 보면 끊임없이 내·외부의 위협에 맞닥뜨리게 됩니다. 위협의 정도가 심하면 우리는 '위기'라고 합니다. 위기란 조직의 생존에 영향을 줄 정도로 경영이 악화되거나 큰 이슈가 발생하는 것을 의미합니다. 매출성장률이 하락하거나 영업적자가 발생하면 기업은 위기경영에 돌입합니다. 기업의 성장곡선이 하강하기 시작한 것입니다. 모든 비용을 대폭 줄이고 사업을 재정비합니다. 적자사업은 조속히 정리하여 퇴출을 준비합니다. 성장이 가능한 사업을 중심으로 다시 꾸립니다. 전담반을 만들어 새로운 사업 아이템을 찾기도 합니다. 비상경영 체제에 돌입합니다. 회사 전체가 허리띠를 졸라맵니다.

경영위기는 핵심 경쟁력이나 조직의 강점이 시장에서 더 이상 인정받지 못하면서 발생합니다. 기존의 핵심 경쟁력이나 조직의 강점은 더 이상 장점도 강점도 아닙니다. 어떤 경영학 교과서는 핵심 경쟁력과 조직의 강점을 중심으로 극복방안을 찾아야 한다고 합니다. 경영위기가 왔다는 것 자체가 이미 핵심 경쟁력과 조직의 강점이 시장에서 더 이상 역할을 할 수 없다는 것을 의미합니다. 따라서 기존의 핵심 경쟁력과 조직의 강점으로는 위기 극복을 위한 탈출구를 찾을 수 없습니다. 코닥은 필름 분야에서, 모토로라는 이동통신 분야에서 세계적인 기업이었습니다. 그러나 자신들이 잘하고 있는 강점을 고집했다가 코닥은 파산하고, 모토로라는 구글에 매각되었습니다. 세상이 변화는 방향을 보지 못했습니다.

경영진 몇 명이서 극복 방법을 찾을 수 있다면 다행입니다. 그러나 대부분 경영위기는 그렇게 해서 극복할 수 있는 범위와 심각성을 넘어섭니다. 위기는 전 직원들의 지혜를 모아야 합니다. 전 직원들의 열정과 헌신, 그리고 자발적인 희생을 전제로 해야 합니다. 평상시에는 직원들을 압박하고 감시하고 통제하다가 위기 극복한다고 희생하라고 합니다. 직원들은 희생하려고 하지 않습니다. 평상시 직원들을 존중하고 대우하고 직원들을 위한 사람중심 경영을 펼쳤어야 합니다. 열정을 바칠 수 있는 여건과 환경을 조성했어야 합니다. 그렇지 못했다면 지금부터라도 경영철학을 바꿔야 합니다. 직원들의 경쟁력과 헌신 그리고 희생정신을 위기 극복을 위한 희망줄로 삼아야 합니다. 엄한 곳에서 썩은 동아줄 잡지 말고 직원들을 희망의 동아줄로 잡아야 합니다. 직원들에게 경영 상태를 숨김없이 공개하고 위기의식을 공유해야 합니다. 어떤 위기인지, 무엇이 문제인지, 어느 정도 심각한 상황인지를 공유해야 합니다. 직원들을 믿고 인정하면 반드시 보답합니다.

이미 언급했듯이 ktis 미디어마켓부문장 때 매년 40억 원씩 반복되는 114 사업 적자를 극복하기 위해 매월 모든 정보를 공개했습니다. 공개하지 않을 이유가 없습니다. 직원들 모두가 어느 정도 심각한 위기인지 알아야 합니다. 114 업무에서 완전히 다른 100번 업무로 바꾸는 재배치도 기꺼이 승인해 주었습니다. 근무공간을 좁히는 것도 용인했습니다. 재택근무로 바꾸는 것도 허락했습니다. 직원들이 고통을 감내하면서까지 희생해 주었기에 40억 적자를 흑자로 바꿀 수 있었습니다. 직원들을 믿으면 기회는 예상하지 않은 곳에서 옵니다.

모든 위기가 기회는 아니다

위기는 기회라고 합니다. 위기의 순간에 어떤 선택을 하느냐에 따라 더 큰 위기가 될 수 있고, 기회가 될 수 있다는 뜻입니다. 물론 그럴 수 있겠죠. 그러나 선택의 기회조차 오지 않는 게 위기입니다. 위기는 위기일 뿐입니다. 위기가 기회가 되지는 않습니다. 위기에 요행은 없습니다. 위기는 겪어야 하는 험로입니다. 위기는 극복해야 합니다. 위기는 누구에게나 찾아옵니다. 위기는 어떤 기업에도 찾아옵니다. 극복하지 못하면 문 닫고 뿔뿔이 헤어져야 하지만 위기를 넘어서면 더 큰 성장의 기회를 잡을 수도 있습니다. 바람이 거세면 연은 더 높이 날 수 있습니다.

위기를 극복하기 위해 영위하고 있는 모든 사업을 총체적으로 재검토합니다. 많은 사업 아이템을 분석합니다. 새로운 아이디어도 찾아나섭니다. 고객의 불만도 듣고 개선방향도 청취합니다. 위기를 극복하기 위해 많이 생각하고, 많이 고민하고, 이것저것 다 시도해 봅니다. 그러다 보면 혹시나 새로운 사업의 실마리를 찾을 수 있습니다. 물론 그렇게 해도 찾지 못하는 경우가 대부분입니다. 모든 사업을 다시 생각하고, 리포지셔닝 해보고, 시장의 판을 바꿔보고, 고객을 만나보면 새로운 고객가치를 찾거나 발견할 수도 있습니다. '위기가 기회다'라는 말은 위기를 극복하는 과정에서 혹시나 새로운 사업 기회를 찾을 수 있다는 의미입니다. 모든 위기가 기회가 되는 것은 절대 아닙니다.

위기 극복을 위해 할 수 있는 건 다 해보다가 찾은 게 114 안내 멘트 변경이었습니다. 인터넷과 스마트폰의 보급이 확대되면서 114에 전화번호를 문의하는 호가 급감했습니다. 114에 문의하지 않고 인터넷이나 스마트폰에서 찾기 때문입니다. 114 문의 호가 매년 약 18~20퍼센트씩 급감하면서 적자 금액도 커졌습니다. 한쪽에선 경영합리화를 추진했고, 다른 한쪽에선 조금이라도 수익을 늘리는 방안을 모색했습니다. 그래서 찾은 게 114 안내 멘트 변경입니다.

기존엔 114로 전화번호를 문의하면 "문의하신 번호는 000-0000번입니다. 직접연결은 1번, kt 안폰으로의 문자수신은 2번입니다. 직접연결은 백 원의 요금과 통화요금이 부과되며, 문자수신은 70원의 요금이 부과됩니다."라는 안내 멘트가 나왔습니다. 요금부과를 알리는 멘트가 앞에 나옵니다. 고객들은 직접연결에 부과되는 백 원의 요금을 부담하지 않기 위해 전화번호를 메모합니다. 길을 걷다가 길바닥에 백 원이 떨어져 있어도 줍는 사람이 거의 없습니다. 그런데 고객이 문의한 번호로 직접 연결을 해주는데 부과되는 백 원은 아까워합니다.

노벨경제학상을 받은 다니엘 카너먼의 '프로스펙트 이론'에 따르면, 소비자는 이익보다 손실에 더 민감하게 반응한다고 합니다. 백 원을 얻는 것보다 백 원을 잃는 것을 더 예민하게 생각합니다. 같은 백 원이라도 얻는 백 원과 잃는 백 원은 그 가치가 다릅니다. 친구와 활쏘기 내기를 합니다. 과녁에 맞추면 만 원을 받는 대신 맞추지 못하면

5천 원을 내라고 합니다. 과녁에 맞추지 못했을 때 손실금 5천 원보다 과녁에 맞췄을 때 받는 이익금 만 원이 배나 큽니다. 그러나 많은 사람은 5천 원을 잃을지 모르는 손실 때문에 내기를 포기합니다.

114 안내 멘트 순서의 앞뒤를 조금 바꿨습니다. "문의하신 번호로 바로 연결은 1번을, 문자수신은 2번을 누르세요. 0000-0000입니다. 안내받으신 번호로 바로 연결을 원하시면 1번을, 문자수신은 2번을 누르세요. 바로 연결은 백 원의 요금과 별도의 통화료가 부과되고, 문자수신은 70원의 요금이 부과됩니다." 바로 연결에 부과되는 요금을 알리는 멘트를 뒤쪽에 배열했습니다. 멘트 순서만 바꿨는데 전에 비해 바로 연결을 선택하는 고객들이 늘어났습니다. 자연히 수익도 늘어났습니다.

위기는 위기일 뿐입니다. 그런데 위기를 극복하기 위해 온갖 노력을 기울이다 보면 새로운 사업아이템을 찾을 수 있습니다. 경영을 하다 벽에 막힐 때 우리는 위기라고 합니다. 그때는 사안에 집착하지 말고 돌아보세요. 주변의 모든 사업을 다시 검토해 보세요. 새로운 사업의 실마리를 찾을 수도 있습니다.

사건이나 이슈로 인한 위기

사건이나 이슈로 인해 조직이 위기를 맞을 때도 많습니다. SK 분식회계 검찰수사, 대한항공 조현아 부사장 '땅콩 회항' 사건, 싼타페 누수, 액상 분유 구더기 사건 등등 기업엔 크고 작은 사건 이슈들이 많이 발생합니다. 위법적인 경영을 하지 않고, 지속해서 경계하고 조심해도 어느 곳에선가 터지는 게 사건 이슈입니다. 기업의 이미지가 크게 훼손되어 매출이 급감하는 경우도 있고, 브랜드 이미지 손실로 수년간 고전하는 경우도 있습니다. 나쁜 기업, 비리 기업, 갑질하는 기업 등으로 이미지가 훼손되면 회복이 불가능할 때도 있습니다.

사건 이슈로 큰 위기가 몰려오면 우선 법률자문을 통해 유죄범위를 넓히지 않는 방향으로 행동해야 합니다. 대표의 이미지와 회사의 이미지가 손상되거나 훼손되지 않는 방향으로 대책을 꾸려야 합니다. 때로는 '바보'가 되는 게 손실을 줄일 때도 있습니다. 진심 어린 사과를 통해 진정성과 투명성을 인정받아 신뢰를 회복하는 경우도 있습니다. 물론 가장 중요한 건 어떤 선택을 해야 하는 사건을 만들지 말아야 합니다. 최선의 방법은 그런 사건이나 이슈가 발생하지 않도록 '정도경영'을 해야 합니다. 사회적 이미지가 좋지 않은 기업은 더 이상 발붙일 곳이 없습니다. 조직 내부적으로 쉬쉬해도 언젠가는 드러나게 됩니다. 삼성의 비리를 고발한 《삼성을 생각한다》 출간 사건, 현대자동차 비자금 사건, 폴크스바겐 연비조작 사건 등 조직이 부패해지면 고름이 나옵니다. 부정한 방법으로 이익 조금 만들려다 회사 문 닫는 꼴 생깁니다. 직원들의 행복을 추구하는 기업, 사회에 기여하기 위한 기업은 한눈팔지 않고 정도경영을 합니다.

작은 이슈들도 많습니다. 잘못 대처하면 큰 이슈로 확대됩니다. 회사가 잘못해서 발생한 사건이나 이슈는 변명하지 말고 사과해야 합니다. 진정성 있는 사과는 이슈를 잠들게 합니다. 어떤 기업은 잘못을 인정하지 않고 변명하고 발뺌합니다. '해볼 테면 해보라'고 배짱까지 부립니다. 이런 행태는 사건을 더 크게 키울 뿐입니다. 호미로 막을 수 있는 일을 가래로 막는 우를 범해서는 안 됩니다. SNS가 발달하여 그날로 전국적인 사건으로 확대됩니다.

2013년에 잘못된 114 번호 안내로 고객이 문제를 제기한 적이 있습니다. 중국집이 아닌데 자기 이름을 중국집으로 잘못 알고 전화를 자주 한다고 합니다. 이슈화하겠다고 합니다. 데이터를 확인해보니 114에서 잘못 안내해서 생긴 문제였습니다. 직원들한테 말했습니다. "우리가 잘못한 것은 변명하지 말고 고객이 용서해줄 때까지 용서를 빌어라."라고 했습니다. 곧바로 고객이 거주하는 성남으로 찾아갔습니다. 우선 데이터를 수정하여 다시는 그런 사례가 발생하지 않도록 했습니다. 고객을 만나 잘못을 인정하고 용서를 구했습니다. 보상이 필요하다면 보상을 하겠다고 했습니다. 고객은 고맙다며 더 이상 확대하지 않았습니다.

잘못하지 않은 것은 끝까지 원칙대로 대응해야 합니다. 잘못하지도 않았는데 이슈가 커질까 봐 어느 정도의 금액을 쥐여주고 무마하는 예가 많습니다. 상습적인 민원인을 육성할 뿐입니다. 다시는 그런 사례가 발생하지 못하도록 뿌리를 뽑아야 합니다. 2013년에 일어난 일입니다. 우선사업(114 번호 문의 시 광고료를 받은 번호를 우선하여 안내해주는 사업)에 가입하여 약 3백회선을 사용하는 한 업체였습니다. 경기가 나빠 장사를 제대로 못 했으니 요금을 할인해 달라는 것이었습니다. 조사해보니 과거에도 두 번이나 요금 할인을 요구해서 전임 부문장이 해줬다고 합니다. 업체 대표가 품성이 좋은 사람은 아니었습니다. 업계에선 어느 정도 소문도 나 있었습니다. 회사가 요금 할인을 해줘야 할 이유도 없고 잘못한 것도 없었습니다. 더구나 해당 업체에 대해 요금할인을 해주면 다른 업체도 요구하는 대로 다 해줘야 합니다. "우리가 잘못한 게 없으니 원칙대로 대응하라."고 했습니다.

며칠 후 외출한 사이에 업체 대표가 힘 좀 쓰는 몇몇 사람들과 와서 행패를 부렸습니다. 간부들 멱살을 잡아 밀치고, 고함을 치며 협박까지 했다고 합니다. "요금 할인을 해주지 않으면 다음엔 더 많은 사람을 데리고 와서 가만두지 않겠다."고 했답니다. 외출 나갔다가 돌아오니 그들은 돌아가고 회사는 시끌시끌했습니다. 곧바로 서울경찰청에 연락했습니다. 다시 올 땐 곧바로 경찰을 출동시켜 업무방해죄로 조사하도록 했습니다. 서울경찰청에선 영등포 경찰서장한테 지시했습니다. 해당 업체를 관할하는 대리점을 통해 회사의 조치 사항을 대표한테 전달했습니다. 며칠 지나서 연락이 왔습니다. 사과와 함께 다시는 그런 일 없도록 하겠다고 합니다.

사건 사고나 이슈는 잘못 대응하면 기업에 위기를 몰고 올 수 있습니다. 그러나 지혜롭게 대응하면 두고두고 좋은 사례가 될 수 있습니다. 각각의 이슈에 대한 매뉴얼을 만들어 대응하되 원칙과 유연함을 적절하게 사용해야 합니다. 사람중심 기업은 거짓이나 발뺌으로 일관하지 않습니다. 진정성 있는 사과와 원칙적 대응을 기본으로 합니다.

직관 경영–많이 생각하면 꿈이 보인다

사람이 살아가면서 어떤 선택을 해야 할지, 어떻게 해결해야 할지, 변화를 어떻게 읽어야 할지 막막할 때가 한두 번이 아닙니다. 매번 누구한테 물어볼 수도 없습니다. 더구나 지식기반 사회가 되면서 지식의 양이 산더미처럼 쌓이고 있습니다. 생각의 속도만큼이나 기술의 속도도 빨라집니다. 순간순간 선택하고 결정해야 할 일들이 넘쳐납니다. 어떻게 선택하고 결정하느냐에 따라 조직의 운명이 좌우되는 경우도 많습니다. 경영자는 하루하루 해결해야 할 문제가 산적한 세상에 살고 있습니다. 그러나 시간은 늘 모자랍니다.

어떻게 해야 할까요? 당신이라면 어떻게 하겠습니까? 중요한 것에만 집중하고 나머지는 대충 흘려버리겠습니까? 물론 직원들에게 맡길 수도 있습니다. 동료에게 의견을 구할 수도 있습니다. 어떤 방식으로든가 할 수는 있습니다. 그러나 최종 결정은 자신이 해야 하고 책임도 자신이 져야 합니다. 경영자는 그래서 외롭고 힘듭니다. 승진해서 위로 올라갈수록 관장해야 할 업무 분야도 넓어지고, 결정하고 책임져야 할 사안도 많아집니다. 그렇다고 회피하거나 도망갈 수도 없습니다.

사람중심 경영을 실현하고 있는 일본 미라이공업(未來工業)은 '항상 생각한다'를 표어로 하고 있습니다. 1만8천 개 제품이 모두 직원들의 아이디어 상품입니다. 많이 생각한 결과입니다. 많이 생각하면 답을 찾을 수 있습니다. 5년간 CEO 업무 총괄을 하면서 많은 문제에 부딪쳤습니다. 많은 진언을 해야 했습니다. 많이 생각할 수밖에 없었습니다. 항상 생각해야만 했습니다. 늘 메모지를 갖고 다녔습니다. 순간순간 아이디어가 떠오를 때마다 메모했습니다. 특히 잠자리에 누웠을 때 고민했던 문제들의 해결방안이 번뜩하고 떠오를 때가 있습니다. 머리맡에 메모지를 두었다가 적었습니다. 아침에 일어나서 메모해야지 하고 그냥 잠들어버린 적이 있습니다. 아침에 일어나 어젯밤에 생각했던 내용을 적으려고 하니까 기억이 나질 않는 거예요. 그때부턴 잠들려고 하다가도 아이디어가 떠오르면 바로 일어나 메모했습니다.

순간적으로 현상을 꿰뚫어보고 문제 해결할 실마리나 아이디어를 찾기 위해서는 통찰이 필요했습니다. 직관이 필요했습니다. 유대교 잠언 중에 "자신의 마음이 무엇을 원하지는 주의 깊게 귀 기울이고 최선을 다해 그것을 선택해야 한다."라는 말이 있습니다. 즉, 자신을 믿어야 합니다. 자신의 내면의 목소리에 귀를 기울여야 합니다.

2002년 HP의 전 최고경영자 칼리 피오리나를 헤드헌팅 했던 미국의 서치펌 크리스천 앤 팀버스의 조사결과에 따르면, "기업 경영자 중 45퍼센트는 경영일선에서 사실과 수치보다 직관에 훨씬 더 많이 의존한다."고 합니다. 직관이란 감각, 경험, 연상, 판단, 추리 등의 사고 작용을 거치지 않고 대상을 직접 파악하는 능력을 의미합니다. 컬럼비아 대학의 경영학 교수인 윌리엄 더건은 직관을 시각, 청각, 후각, 미각, 촉각의 오감에 덧붙여 '제7의 감각'이라고도 합니다. 어떤 변화의 조짐을 읽어내는 힘, 많은 흐름 속에서 중심을 잡아내는 힘, 기회와 위험요인을 분별하는 힘입니다. 직관이나 통찰 등은 예술가나 철학자들만의 전유물이 아닙니다. 사람에게는 누구나 가지고 있는 능력입니다. 잠재된 능력입니다. 간절하게 염원할 때 마음의 소리를 들을 수 있습니다.

직관은 선험적 지식의 총체

조직을 경영하거나 사업을 하다 보면 어떤 경우 많은 데이터나 정보는 분명히 성공을 전망합니다. 그러나 '뭔지는 모르지만 이건 아닌데…….' 하는 생각이 들며 불안하고 초조해지는 경험을 한 적이 있습니다. 그 반대의 경우도 마찬가지입니다. 모든 데이터는 실패를 예견하는데 왠지 좋은 느낌, 꼭 잘 될 것 같은 감이 올 때도 있습니다.

에디슨은 "천재는 1퍼센트의 영감과 99퍼센트의 노력으로 이루어진다."는 명언을 남겼습니다. 이 명언은 영감보다 노력이 중요하다는 것을 시사합니다. 그러나 에디슨이 진정으로 하고 싶었던 말은 이게 아니었다고 합니다. 에디슨은 "내가 신문기자에게 말한 것은 1퍼센트의 영감이 없으면 99퍼센트의 노력은 소용이 없다는 것이었소. 그러나 신문에는 1퍼센트의 영감이 중요한 게 아니라 99퍼센트의 노력에 중심을 두고 보도되었소. 잘못 전달된 것입니다."라고 말했습니다. 애플의 스티브 잡스는 "당신의 마음과 직관을 따르는 용기를 가지십시오. 언제나 갈망하고, 언제나 우직하게."라며 직감을 중시했습니다.

미국인 일라이어스 하우는 현대 재봉틀의 원리가 된 바늘 끝에 구멍이 달린 재봉틀 바늘을 발명했습니다. 재봉틀 바늘을 어떻게 만들어야 할지 늘 생각하고 연구하던 하우는 어느 날 꿈을 꾸었습니다. 꿈에서 하우는 1시간 이내에 재봉 기계를 만들지 못하면 사형에 처한다는 토인 추장의 명을 받았습니다. 아무리 궁리해도 쉽게 생각나지 않아 마침내 사형장으로 끌려갔습니다. 토인이 하우를 향해 창을 겨눴습니다. 햇빛에 창끝이 반짝이는 순간 하우는 창끝에 구멍이 있는 것을 보았습니다. "바로 이거다!"라고 외치면서 잠에서 깨어났습니다. 바늘 머리가 아닌 뾰족한 바늘 끝에 구멍을 낸 재봉틀 바늘은 이렇게 해서 발명되었다는 일화가 있습니다. 하우는 바늘구멍 앞쪽에 실을 꿰어 윗실과 밑실로 겹바느질을 할 수 있는 획기적인 재봉틀을 발명했습니다.

노나카 이쿠지로는 저서 《씽크이노베이션》에서 직관에 의한 삿포로의 혁신적 맥주 '드래프트원'의 성공비결을 얘기합니다. 일본엔 아사히, 기린, 삿포로 등 3대 맥주회사가 있습니다. 삿포로는 1990년 후반부터 매년 수익이 감소하였습니다. 일본은 맥아(맥주의 주원료로 발아한 보리를 건조한 것)의 함유량을 기준으로 맥주를 두 가지로 나눕니다. 원재료 중 맥아 함량이 67퍼센트 이상은 맥주, 67퍼센트 미만은 발포주로 표기합니다. 아사히는 맥주 분야에서, 기린은 발포주 분야에서 강점이 있으나 삿포로는 특별한 상품이 없습니다.

1998년 삿포로 양조기술연구소 생산기술부장으로 부임한 가시다와 슈사쿠라는 젊은이들이 맥주의 쓴 뒷맛을 싫어한다는 것을 알았습니다. 가시다와는 경영진의 반대에도 불구하고 맥아를 사용하지 않고 맥주와 같은 것을 만들기 위해 비공식으로 연구했습니다. 2년 4개월

후 한 연구원이 완두콩의 단백질이 맥아를 대신할 수 있다는 것을 알아냈습니다. 맥주도 아닌 것이 맥주 맛을 내는 제품을 개발한 것입니다. 가시다와는 시장분석 결과 고객이 없다는 상품개발부의 반대에도 불구하고 자신의 직관을 포기하지 않았습니다. 시음회를 통해 고객들의 긍정적 반응을 확인한 가시다와는 본사의 반대를 꺾을 수 있었습니다. 2003년 9월 출시한 신상품 '드래프트 원'은 목표치인 천만 박스(2억 병)을 넘어 1천815만 박스(3억6천만 병)을 팔았습니다. 《씽크이노베이션》의 저자 히토쓰시바시 대학원 국제기업전략 교수인 노나카 이쿠지로는 "분석은 어느 정도 미래예측을 할 수는 있더라도 미지의 세계에 뛰어들어 창조할 수는 없다."고 합니다.

직관이나 통찰은 주술적인 것이 아닙니다. 또한 마음에 귀를 기울인다고 아무 때나 찾아오는 게 아닙니다. 누구에게나 찾아오는 것도 아닙니다. 직관의 원천은 내면에 축적된 선험적 지식의 총체입니다. 사고의 지평을 넓히기 위해 바쳤던 열정의 산물입니다. 수많은 경험과 간절한 마음의 결과입니다. 그동안 쌓아온 각종 지식과 경험에 의해 만들어진 능력입니다. 직관이나 통찰은 어떤 사람은 꿈으로, 어떤 사람은 순간의 이미지로, 또 어떤 사람은 느낌이나 반응으로, 또 어떤 사람은 내면의 목소리로 찾아온다고 합니다.

경영자는 전문적인 지식도 갖추어야 하지만 상황을 읽을 수 있는 판단력도 있어야 합니다. 앞을 내다 볼 수 있어야 합니다. 번뜩이는 아이디어가 있어야 합니다. 순간순간 판단하고 결정해야 할 때가 많은 만큼 직원들보다 더 많이 생각해야 합니다. 요즘 같은 저성장 침체기에서 위기를 돌파하기 위해서는 그 어느 때보다는 창조성이 강조됩니다. 치밀한 분석에 기반을 둔 객관적 자료와 함께 간절하고 절실한 마음에 기반한 직관 경영이 필요할 때입니다.

사실 우리의 교육은 말할 것도 없고 기업조직도 통찰이나 직관과는 거리가 먼 환경입니다. 일방적이고 강압적이고 수직적인 조직 구조에서 직관을 발휘할 여지를 찾기는 매우 어렵습니다. 직원들 전체가 많이 생각하고 간절한 마음이 모이면 조직 내의 미래에 대한 분위기는 긍정적으로 바뀝니다. 위기를 극복할 수 있을 것입니다.

비용절감에 의존하면 망한다

기업이 수익을 많이 내려면 매출은 최대로 올려야 하고 비용은 최소로 줄여야 합니다. 누구나 아는 기본적인 원칙이지요. 그런데 "어떻게?"라고 물으면 그때부터 답답해집니다. 비용은 늘 최소로 유지해야 합니다. 특히 불황으로 경영위기가 닥치면 기업들은 더더욱 비용절감에 목을 맵니다. 사업을 확장하고 다각화시켜 매출을 확대하는 것이 어려운 만큼 위기 타개책으로 비용절감에 더 무게를 둡니다. 인원을 감축하고 급여를 줄이고 각종 비용을 절감하면서 긴축경영을 합니다. 10퍼센트부터 높게는 30퍼센트까지 비용절감을 추진합니다.

전사적으로 어떤 비용을 절감할 것인지 직원들과의 소통이나 공유는 없습니다. 무조건 올 예산 몇 퍼센트 절감하라는 안이 내려옵니다. 이미 계획했던 투자도 재검토합니다. 가장 손쉬운 방법이 일률적으로 몇 퍼센트로 줄이라는 비용절감 방안입니다. 경영전략실이나 재무실이 편하게 일하는 방식입니다. 일률적으로 몇 퍼센트 줄인다는 안은 대안이 아닙니다. 업무에 지장을 초래하지 않으면서 필요 없는 프로세스나 시스템을 제거함으로써 비용을 절감하는 방법이어야 합니다. 인건비를 줄이지 않으면서, 획일적으로 비용을 점감하지 않으면서도 비용을 줄일 방법은 무수히 많습니다. 다만 모든 부서의 시스템과 프로세스를 분석해야 하는 수고가 따를 뿐입니다.

기업은 상시적인 비용절감을 위해 다양하게 살피고 분석하고 파악해야 합니다. 비용발생 요인을 총체적으로 점검합니다, 대손을 줄여 대손금을 감소시킵니다, 재고를 감소시킵니다, 대체 가능한 재료를 찾습니다, 배송 방법을 바꿉니다, 납품업체를 통합시켜 비용을 줄입니다, 사소한 비용을 찾아 줄입니다, 전략적 투자로 감가상각비를 줄입니다, 외상 매출금 회수 기간을 줄입니다, 주기를 단축시킵니다, 부채와 지분을 교환합니다, 유통 종합시스템을 개선합니다, 협력업체와의 상생협력을 통해 기술 개발을 합니다. 원자재비용을 낮춥니다, 상품 생산 과정을 재조정합니다, 적절한 이익을 내지 못하는 사업은 철수합니다 등등 다양한 방법들을 찾을 수 있습니다. 찾지 않을 뿐이고 찾는 고생과 수고를 하지 않을 뿐입니다.

협력업체와의 상생을 통해 비용을 절감한 대기업의 사례입니다. 삼성전자는 반도체 장비 제조업체인 협력업체 '케이씨텍'에 자금·기술·인력을 지원하여 평탄회로에 필요한 CMP 장비를 개발했습니다. 이로써 3년 동안 약 3백억 원의 외화를 절감하게 되었습니다. 현대기아자동차는 해외 경쟁 차를 구입 분해한 후 연구개발을 위해 협력업체에 무상으로 제공합니다. 엔진부품 제조업체인 '인지컨트롤스'는 세계 최초로 워머 내장형밸브를 개발하였습니다. 현대기아자동차는 향후 3년간 약 3백억 원의 외화를 절감할 것으로 예상하고 있습니다. LGU+는 수입에 의존하던 10G급 스위치 개발을 위해 '다산네트웍스'와 '유비쿼스'를 지원했습니다. 두 회사는 전력소모량은 6분의 1, 크기는 2분의 1, 가격은 40퍼센트 수준의 스위치 개발에 성공했습니다. LGU+는

2014년 한 해만도 190억 원의 비용을 절감했습니다.

조직에서 중복되거나 과잉되거나 필요 없이 운영되는 요인, 대체할 수 있는 기술 등 다양한 비용절감 요인을 찾아야 합니다. 생산비용을 낮추고 고객에게 그 가치가 돌아갈 수 있도록 해야 합니다. 이런 게 바로 혁신입니다. 2015년 10월 20일 오리온은 가격변동 없이 초코파이의 양을 11.4퍼센트 증량한다고 밝혔습니다. 초코파이 1개당 중량이 35그램에서 39그램으로 늘어납니다. 초콜릿의 함양도 약 13퍼센트 늘렸습니다. 지난 9월 가격변동 없이 10퍼센트 양을 늘린 포카칩에 이은 두 번째 증량입니다. 이는 지난해 포장재 개선으로 원가를 절감해서 생긴 이익을 소비자에게 되돌려 주기 위함이라고 합니다.

2012년 ktis 컨텍사업부문장을 겸직할 때였습니다. 기업체에서 콜센타를 위탁받아 운영해주는 컨텍 사업은 사업 개시 이래 10여 년간 계속 적자를 면치 못했습니다. 종합적인 사업 분석을 통해 경쟁력이 높은 전략적 사업을 정했습니다. 타사 대비 우리만의 차별화된 경쟁력을 확보하는데 주력했습니다. 다른 한편으로는 현재 진행하고 있는 사업을 높은 수익을 내는 사업, 현상 유지 사업, 적자 사업 등으로 분류했습니다. 현상 유지 사업 중 전망이 불투명한 사업은 계약 기간이 종료 되는대로 정리하기로 했습니다. 적자 사업 중 전략적으로 적자를 감수하고서라도 더 큰 계약을 확보하기 위해 유지해야 하는 사업 외에는 철수를 결정했습니다. 그 결과 맡은 지 6개월 만에 컨텍 사업 최초로 흑자로 전환할 수 있었습니다. 비용을 줄일 수 있는 요인이 없는 게 아닙니다. 찾지 않거나 찾지 못하고 있을 뿐입니다.

일시적인 불황이 아니다

수년간 지속되고 있는 오늘날의 경기 불황이 정상적인 경기순환에 따른 불경기나 쇠퇴기라면 잠깐 참고 기다릴 수 있습니다. 일률적으로 몇 퍼센트 비용절감하면서 감내할 수 있습니다. 잠시 어려움을 참고 견디면 곧 회복기를 맞을 수 있습니다. 그러나 지금은 장기적인 저성장의 늪에 빠지고 있습니다. 일반적으로 경제가 성숙하고 1인당 국민소득이 증가하면 경제성장 속도가 줄어듭니다. 하지만 한국은 1인당 소득이 충분히 오르지 않은 상태에서 겪고 있습니다. 금융규제 완화를 통한 부채로 만들어진 성장이었기 때문입니다. 은행에서 빚내서 아파트 사고, 자동차 사서 유지되었던 성장이었습니다. 세계적으로 수출주도형 경제가 깊은 수렁에 빠지자 한국경제도 헤어나지 못하고 있습니다. 1~2년에 끝날 불황이 아닙니다. 획일적으로 비용 얼마 줄인다고 해결될 경기불황이 아닙니다.

수년간 지속되었고 또 앞으로 얼마 동안 더 지속될지 모를 불황을 비용절감만으로 버텨내려고 해서는 기업을 회생시킬 수 없습니다. 어려움을 극복할 수 없습니다. 일방적으로 비용을 줄여서도 안 됩니다. 쓸데없이 비용이 들어가는 요소를 찾아 제거해야 합니다. 비용이 발생하는 구조적인 요인을 찾아 없애야 합니다. 그래야 장기적으로 비용을 줄일 수 있습니다. 지속 성장이 가능한 기초를 만들 수 있습니다. 위기가 닥쳐서야 호들갑 떨며 비용을 줄인다고 해서 될 일이 아닙니다. 어느 날 갑자기 줄어들 수 있는 비용이 아닙니다. 평상시에 해야 합니다.

경기가 좋을 때 찾아야 합니다.

스위스 식품회사 네슬레의 커피 브랜드인 네스프레소는 알루미늄 캡슐에 커피를 담아 간편하게 커피를 만드는 기계를 개발했습니다. 네슬레는 소비자에게 재활용에 참여하도록 요청했습니다. 또한 커피 농가의 커피를 직접 구매해 농가 수익도 늘려주고 있습니다. IT 기업의 경우 서버와 데이터 센터가 소비하는 전력량이 엄청납니다. 그러나 서버 컴퓨팅은 15퍼센트만 발휘하고 나머지 85퍼센트는 휴면 상태라고 합니다. 마이크로소프트사는 온도 센서와 서버간 알고리즘을 개발해 모니터링 함으로써 전기 낭비를 30퍼센트 절감하는 데 성공했습니다. 가상화를 통한 서버 감축으로 2백만 달러의 비용도 절감할 계획이라고 합니다. 월마트는 모든 수송 수단의 에너지 효율을 25퍼센트 높이고 에너지 사용량을 30퍼센트, 폐기물 배출 양은 3년 내 25퍼센트를 줄이는 계획을 추진하고 있습니다.

기업에서 비용요소를 찾을 때 직원들에게 협조를 구하세요. 현장에 있는 직원들은 많은 비용요소를 알고 있습니다. 직원들과 위기의식을 공감하고 직원들의 자율적 활동에 맡겨보세요. 수년간 또는 수십년간 근무해오면서 많은 비용요인을 보았을 것입니다. 이미 언급했듯이 도요타는 모든 작업현장이 현장 직원 중심으로 설계됩니다. 직원들의 아이디어에 의해 만들어집니다. 낭비가 최소화되고 작업이 수월해졌습니다. 그 결과 생산성이 타사에 비해 몇 배 이상 높습니다.

성장동력을 찾아라

사업을 축소하고, 투자를 줄이고, 예산을 감소해서 비용을 절감하면 자칫 현재 사업까지 위축시킬 수 있습니다. 직원들이 위축되면 결국 사업도 위축되고 매출도 줄어듭니다. 사업 확장 요인이 있어도 비용 들어간다고 추진하지 않습니다. 좋은 사업 아이디어가 있어도 언급하지 않습니다. 과감한 도전도 하지 않습니다. 벼룩 잡는다고 초가삼간 태우는 우를 범할 수는 없습니다. 기업이 존속하기 위해서는 투자도 해야 하고, 사람도 써야 하고, 필요한 비용도 있어야 합니다. 비용을 쓰되 필요한 비용만 써야 합니다. 비용을 줄이기 위한 비용절감이 돼서는 안 됩니다. 장기적으로 지속적인 성장을 뒷받침해줄 수 있는 효율적인 비용절감을 해야 합니다.

사람중심 기업은 사업보다 비용절감에 목숨 거는 우는 범하지 않습니다. 비용을 줄여서 이익을 내려는 회사는 사업마저 위축되고 위험해집니다. 비용을 줄이는 것보다 더 중요한 건 이익을 낼 수 있는 창의적인 아이디어를 찾는 것입니다. 성장동력을 찾는 것입니다. 백 원의 비용을 줄이는 것보다 천 원 버는 사업을 중심에 세워야 합니다. "당연히 그래야지, 그러지 않는 바보도 있나?" 하시겠지요. 그러나 백 원 줄이려고 천 원의 사업을 포기하는 기업들이 많습니다. 사업 확장이나 신사업 동력을 찾지 못하고 비용절감에 주력하다 망한 기업들 많이 있습니다. 단기적인 비용절감이 아니라 장기적인 경쟁 우위를 확보하는 데 주력해야 합니다.

직원들의 독서량은 기업의 경쟁력

사회에 첫발을 내딛는 신입 직원들에게 늘 몇 가지 당부를 합니다. 그중의 하나가 '책 읽기'입니다. 입사부터 퇴사하기까지 짧게는 몇 년에서 길게는 20~30년이 됩니다. 살아보니 뭐 대단하고 특별한 건 없습니다. 그러나 빠르게 변하는 세상에 두려움 없이 능동적으로 대처하기 위해서는 뭔가 나만의 준비를 해야 합니다. 살면서 수많은 기회를 잡기 위해서는 그 변화와 기회를 읽을 수 있어야 합니다. 그걸 가능하게 해주는 것이 바로 책입니다. 많은 CEO가 그 자리에 있기까지는 여러 가지 이유가 있습니다. 책 읽기는 그중 하나입니다.

책 읽기를 싫어하는 CEO는 찾아보기 힘듭니다. 대부분의 경영자는 책을 통해 자신을 계발하고 있습니다. 기업을 경영하면서 언제 닥칠지 모를 위험에 대처하고 미래를 설계합니다. 경영자로서 감당해야 할 고민이 많습니다. 일반 사람이 생각하지 못하는 새로운 아이디어에 늘 목말라하고 있습니다. 변화와 위기의 조짐을 먼저 알고 순간순간 남보다 앞서 행동해야 합니다. 책은 이를 위한 디딤돌입니다.

대학 4년을 보내고 기업이라는 조직에 첫발을 내딛는 신입 직원들은 걱정도 있지만 꿈도 많습니다. 그러나 막상 회사에 들어가서 일을 해보면 서투릅니다. 선배에게 지적도 받고 야단도 많이 맞습니다. 근무한 지 얼마 안 돼 학교에서 배운 학문은 기업 실무에 큰 도움이 안 된다는 사실을 깨닫게 됩니다. 학교 교육을 과소평가하는 게 아닙니다. 대학 교육은 뭐든지 담아낼 수 있는 그릇을 만드는 과정입니다. 생각의 힘을 키우는 과정입니다. 그러나 기업은 고객들이 원하는 제품과 서비스를 생산하고 판매하여 이익을 만드는 곳입니다. 대학을 갓 졸업한 신입 직원들이 기업업무를 담아내기까지는 시간이 필요합니다.

기업은 현재의 소비자를 고객으로 하면서 미래를 먹고 사는 조직입니다. 기업 조직에 있어 과거의 역사와 사회는 그리 중요하지 않습니다. 장기적으로 지속 가능한 성장을 하기 위해서는 늘 다른 기업보다 한발 앞서 나가야 합니다. 그러나 급변하는 기술과 경제여건, 사회변화, 소비자 심리를 앞지르기는 쉽지 않습니다. 더구나 회사 생활을 하면서 세상을 따라잡기는 어렵고 버겁습니다. 앞서 가기란 더더욱 힘들겠지요. 모두가 헤매고 있는 상황에서 누구한테 조언을 구하기도 어렵습니다. 도움을 줄 수 있는 사람도 쉽게 찾을 수 없습니다. 그러다 보면 남들보다 한참 뒤처지고 있다는 생각이 듭니다. 불안하고 초조해집니다.

생존을 위한 독서

책은 사고의 지평을 넓혀줍니다. 해결의 실마리를 찾을 수 있는 지혜를 쌓게 합니다. 판단의 갈림길에서 갈팡질팡하지 않고 후회 없는 결정을 내릴 수 있도록 도와줍니다. 어떤 일이든 자신 있게 해낼 힘을 줍니다. 어떤 위기나 고비에서도 좌절하지 않기 위해서도 책을 읽습니다. 실패하지 않고 원하는 방향대로 사업을 꾸려나가기 위해서도 책을 읽어야 합니다.

해외 20개국에 매장을 가진 (주)후스타일의 김진석 대표는 '생존을 위한 독서'를 한다고 합니다. 소설가가 꿈이었던 김 대표는 3년간 직장생활을 했지만 맞지 않은 옷을 입은 것 같아 그만두었다고 합니다. 그래서 돈 벌기를 위해 책을 읽기 시작했습니다. 책을 많이 읽으면 사업에 도움이 되겠다고 생각했습니다. 6개월 단위로 주제를 정하고 관련 도서를 구매했습니다. 종과 횡으로 책을 읽었다고 합니다. 즉, 10여 년 전의 '전략'을 제시한 책과 오늘날 '전략'을 제시한 책을 함께 구매하여 동시에 탐독을 하는 방식입니다. 김 대표는 독서량과 사업매출은 비례한다고 생각합니다. 즉, 2011년 17억 원이었던 매출은 2012년에 34억 원, 2013년에 48억 원, 2014년에 150억 원, 2015년 5백억 원의 매출을 예상한다고 합니다. 고객의 마인드를 알기 위해서도, 전략을 수립하기 위해서도 책을 읽는다고 합니다. 현재까지 약 3천여 권을 읽은 김진석 대표는 (주)후스타일의 성공 원동력은 바로 '책'이었다고 합니다. 사상가 겸 시인인 랄프 왈도 에머슨은 "책을 읽는다는 것은 많은 경우에 자신의 미래를 만든다는 것과 같은 뜻이다."고 합니다.

나는 1년에 평균 30여 권의 책을 읽습니다. 연필로 줄을 긋기도 하고 중요한 내용은 메모하기도 합니다. 물론 대부분은 지금 추진하고 있는 사업과 관련이 있거나 미래 사업과 연관이 있는 책들입니다. 책을 통해 예상하지 못했던 위험들을 사전에 대처하는 방법을 배웁니다. 현재의 어려움과 위기를 극복할 수 있는 탈출구를 찾기도 합니다. 뭔가 문제가 풀리지 않거나 해결해야 할 게 있으면 서점으로 달려갑니다. 조용히 다가오는 변화를 볼 수 있는 지혜를 얻기 위해 책을 읽었습니다. 책상 위에는 늘 읽어야 할 서너 권의 책이 쌓여 있습니다. 회사에서 임원들을 위한 교육에 참석하면 웬만한 강의는 이미 책을 통해 접했던 내용이었습니다.

지금은 없어졌지만 2004년에 1년 과정의 신임 임원들을 위한 교육프로그램이 있었습니다. 매주 토요일 9시부터 오후 3시까지 했습니다. 여러 분야의 전문 강사들이 강의를 했습니다. 인문학부터 경영·경제·문화·예술에 이르기까지 많은 분야를 망라한 교육이었습니다. 매주 토요일마다 아침부터 교육받기는 쉽지 않았습니다. 임원들 대부분이 겉으로 드러내지는 못했지만 '꼭 토요일에 해야 하느냐'며 불만도 많았습니다. 그러나 그때 받았던 교육과 읽었던 책은 그 후 조직을 경영하면서 큰 디딤돌이 되었습니다. 이름난 교수, 사업가, 예술가를 만날 수 있었습니다. 물론 최근에도 임원들을 위한 교육을 하고 있으나 체계적인 프로그램에 따라 운영되지 않습니다. 일회성 교육으로는 조직경영이나 사업분야에서 통찰력을 얻기엔 한계가 많습니다.

자기 스스로 경쟁력을 갖춰야

사람중심 경영은 나이 먹었다고, 생산성 떨어진다고 명퇴를 강요하는 방식이 아닙니다. 교육을 통해 새로운 역량을 습득하게 합니다. 축적된 경험과 노하우가 결합되어 깊은 지혜를 펼칠 수 있게 합니다.

번뜩이는 직관이나 통찰력은 선험적 지식의 총체이며 그동안 축적해온 지식과 각종 경험이 바탕이 되어야 발휘될 수 있습니다.

회사에서 나이와 직급에 맞는 교육을 체계적으로 받을 수 있으면 더할 나위 없습니다. 하지만 많은 기업은 그렇지 못합니다. 스스로 역량을 습득해야 합니다. 그렇지 못하면 부족함이 늘어나고 역량이 떨어지고 결국엔 조직에서 도태되게 됩니다. 경영자라면 더욱 그렇습니다. 사람만 좋은 경영자는 쓸모가 없습니다. 사업을 볼 수 있고, 방향과 비전을 제시할 수 있어야 합니다. 변화의 위기를 미리 알고 준비할 수 있어야 합니다. 사업에 대한 통찰력이 있어야 합니다. 자신이 준비하고 갖춰야 합니다. 가장 쉬운 방법이 바로 책입니다.

그런데 요즘 책 읽는 사람을 보기란 참 어렵습니다. 지하철이나 버스 안에서 책을 읽는 사람을 볼 수가 없습니다. 스마트폰이 나오기 전에는 지하철 칸마다 책 읽는 사람들이 제법 있었습니다. 손에는 포켓북이라도 쥐어져 있었습니다. 그러나 지금은 아닙니다. 눈을 씻고 찾아봐도 책 읽는 사람을 찾아보기 어렵습니다. 어쩌다 문제지 푸는 학생 한두 명 있을 뿐입니다. 고등학생이나 대학생이나 책을 읽는 학생들은 더더욱 없습니다. 두 손엔 모두 스마트폰이 있습니다. 게임을 하거나, 카톡을 하거나, DMB로 드라마를 봅니다.

우리나라가 세계적인 IT 강국으로 된 이유는 알겠지만 국가 미래를 위해서는 걱정이 앞섭니다. '어디로 가려 하나?' 유럽 국가는 학생이나 일반인이나 틈만 나면 책을 읽습니다. 손에는 늘 핸드북이 들려 있습니다. 어디서나 책 읽는 모습이 자연스럽게 보입니다. 반면, 우리나라 학생들은 어딜가나 모바일폰을 보는 게 자연스러운 모습입니다. 한국 대학생 10명 중 4명이 도서관에서 책을 빌리지 않는다고 합니다. 성인 1인이 1년 동안 읽는 책이 10권이 안 된다고 합니다. 아마도 1권의 책도 읽지 않는 성인도 꽤 많을 듯합니다. 직장인도 마찬가지입니다. 일이 많고 바쁘다는 핑계로 책을 읽지 않습니다. 누구는 이렇게 변명합니다. "살기 힘들고 바쁜데 책 읽을 시간이 어디 있느냐?"고요. 스마트폰 잡고 게임할 시간은 있어도 책 읽을 시간은 없습니다. 힘들고 바쁘다고 책 읽을 시간이 없다는 건 핑계고 어불성설이지요. 힘들고 어려움이 많을수록 책과 가까이해야 빨리 헤쳐 나올 수 있습니다. 몇십 년 후 우리의 미래가 어떨지 궁금하기도 하고 걱정도 많이 됩니다. 희망적인 모습이 보이질 않습니다.

우리가 배울 수 있는 지식과 경험은 일부 한정된 부분입니다. 새롭고 창의적인 결과물을 만들어내기도 쉽지 않습니다. 책은 다양한 분야에 있는 전문적 지식과 경험과의 만남입니다. 다양한 사람들과의 만남입니다. 시간적, 경험적 한계를 뛰어넘을 수 있는 수단입니다. 책을 읽으면서 다른 사람의 생각에 동의하기도 하고 부딪치기도 합니다. 그러면서 지혜의 깊이를 더하는 내공을 쌓게 됩니다. 책을 읽는 동안 우리는 희망을 품게 됩니다. 뭔가를 배우며 어제보다 나아질 거라는 기대를 합니다. 조금씩 성장하고 있다는 생각을 합니다. 어떤 성취감도 느끼게 됩니다. 어떤 일을 하던 헤쳐나갈 수 있는 자신감도 얻을 수 있습니다. 당당한 자존감을 심어주기도 합니다. 전 세계인이 사랑하는 토크쇼의 여왕 오프라 윈프리는 술과 마약으로 삶이 망가졌었습니다.

그러나 다시 삶을 추슬러 오늘날의 그녀를 있게 한 것은 바로 책이었습니다. 책 읽기를 통해 새로운 삶을 만들었습니다.

책 읽는 사람은 미래를 두려워하지 않는다

책 읽기를 어려워할 수 있습니다. 혼자 읽지 말고 함께 읽어봅니다. 부서별로 독서팀을 만들어 운용하면 자율적이지만 집단으로 강제할 수 있어 훨씬 수월할 것입니다. 꾸준히 읽는 사람만이 삶을 바꿀 수 있습니다. 포스코ICT는 2010년 엔지니어링 회사인 포스콘과 IT 회사인 포스데이타의 통합으로 출범한 회사입니다. 통합 초기 서로 다른 문화를 융합하기 위해 허남석 전 대표는 '행복나눔 125'란 프로그램을 만들었습니다. 행복나눔 125는 '서로 이해하고 배려하고 존중하여 우리의 삶이 행복하게 이끄는 기업 활동'이라고 합니다. 행복나눔 125는 일주일에 한 번 이상 착한 일 하기, 한 달에 두 권 이상 책 읽기, 하루에 다섯 번 이상 감사하기 등을 실천 강목으로 정했습니다. 처음엔 "무슨 책 읽기야?" 하며 반대하던 직원들도 시간이 지나면서 점차 책을 읽고 토론에 참여하기 시작했습니다. 이제는 포스코ICT의 브랜드가 되었으며 많은 기업이 벤치마킹을 하고 있습니다.

매장 90여 개, 직원 2천5백 명, 2~3백 명이 억대 연봉을 받고 있으며, 전국 최다 직영점을 가진 '준오헤어' 강윤선 대표는 직원들에게 '책 읽기'를 강조합니다. 직원들은 매달 지정된 필독서를 한 권 읽고 토론회에 참석해야 합니다. 책 읽기를 싫어하는 직원들에게는 하루에 5장씩 찢어서 주기도 했답니다. "제가 미용 사업을 다른 방식으로 할 수 있었던 비결은 책에 있다고 봐요. 가난해서 남들만큼 많이 배우지는 못했지만 책을 읽으면서 간접 경험을 많이 했죠. 작가 한 사람의 영혼을 압축해서 담아 놓은 게 책입니다. 1~2만 원에 '간디 오빠'의 삶까지 들여다볼 수 있으니 이것만큼 좋은 경험이 어디 있겠어요?" 강 대표는 매달 2~3권을 읽는다고 합니다. 강 대표가 필독서를 하는 기준은 회사의 비전과 같습니다. 서비스 품질을 높이는 달에는 그것과 관련된 책을, 리더십을 강조하는 달에는 그와 관련된 책을 읽습니다. 그러다 보니 자연스럽게 직원들의 주요 관심사가 회사의 비전과 일치하게 된다고 합니다. 독서가 직원 전체를 하나로 묶는 울타리이자, 회사에 대한 충성도를 높이는 방법이 된 셈입니다.

강 대표는 미용기술이 중요한 시기는 지났다고 합니다. 자신의 성공 비결에 대해 '사람'이라고 말합니다. 헤어숍을 찾는 고객들에게 최상의 행복감을 주기 위해서는 직원들의 역량이 중요하다고 합니다. "숍에서 고객들을 직접 만나는 건 직원이에요. 직원들이 고객에게 행복을 주는 거죠. 행복을 주려면 어떻게 해야 하나요? 직원들의 삶이 행복해야 하는 거예요." 준오헤어는 입사 후 2년 6개월 동안은 청담동 아카데미에서 기술, 트랜드, 경영학, 서비스, 리더십, 드로잉 등 지정된 과목을 이수해야 합니다(《우먼센스》, 2013. 10. 1).

임원이나 CEO의 책 읽기는 경영자로서 갖추어야 할 덕목 중의 하나입니다. 아니 반드시 그리해야 합니다. 책을 멀리하는 경영자는 오래갈 수 없습니다. 책을 읽는 한 실패나 좌절하지 않습니다. 틈만 나면

책을 읽는 경영자의 모습을 보면서 직원들도 따라하게 될 것입니다. 회사의 지원이 뒷받침되는 상황에서 조직적으로 책 읽기를 할 수 있다면 누구도 함부로 할 수 없는 기업의 역량으로 승화할 것입니다. 직원들의 독서량은 기업의 경쟁력입니다. 직원들의 역량의 깊이와 넓이입니다. 많은 독서량을 통해 변화를 감지하고 위기에 능동적으로 대처하며 미래를 볼 수 있는 역량을 보유하게 되었다면, 가장 차별화되고 강력한 경쟁력을 확보하게 되는 것입니다. 책 읽는 사람은 미래를 두려워하지 않습니다.

사소한 변화에 연연해하는 대리급 사장

직원들이 CEO나 임원을 두고 부르는 별명 중에 소위 '대리급 사장', '대리급 임원'이 있습니다. 큰일보다 작은 일에 신경 쓰고 연연해하는 사람을 일컬어 하는 말입니다. 결코 좋은 말은 아닙니다. 큰일은 당연히 집중하고 작은 일이라도 그냥 지나치지 않는다고 하면 뛰어난 경영자입니다. 그러나 크고 중요한 일은 놔둔 채 작고 세세한 일만 지나치게 집중하는 경영자가 많이 있습니다.

경영자는 사업방향과 비전을 제시하고 나머지는 직원들이 할 수 있도록 권한을 위임해야 합니다. 중간 중간에 가고자 하는 방향대로 잘 추진되고 있는지 확인하면서 바로 잡으면 됩니다. 직원들이 미덥지 못해 사사건건 개입하고 간섭하다가는 정작 큰 방향을 놓치게 됩니다. 혼자 똑똑한 체 하면 누구도 쓴소리를 하지 않습니다. 뭔가 사업이 잘못되어 가도 모른 체 합니다. 자율성이 훼손되는 상황이 되면 직원들은 손을 놓아버립니다. 하더라도 상사가 지시하는 일만 합니다. 공연히 어떤 의견을 제안하거나 추진하다가 질책만 당하느니 차라리 하지 않은 편이 낫기 때문입니다. 직원들은 자율적으로 결정할 수 있을 때 책임도 집니다. 그때 비로소 열정을 쏟아 붓습니다.

경영자는 할 일이 너무 많다

CEO나 임원들은 자기 일은 하지 않으면서 내부 직원들을 잡고 괴롭히는 예가 많습니다. 본부나 부문별로 추진하는 사업을 살펴보면 허가나 승인 및 이해관계자와의 갈등으로 진척이 더딘 업무가 많이 있습니다. 실무선에서는 더 이상 해결할 수 없는 상태에 이르게 된 경우도 많습니다. 당연히 임원이나 CEO가 나서야 합니다. 업무와 직접 연관이 없다 해도 언론, 정부, 중요 고객 등 만나야 할 이해관계자가 많이 있습니다. 갈등이 생기고 누적되기 전에 미리 만나 이해도 구하고 좋은 관계를 형성해야 합니다. 큰 사건이나 사고, 이슈 없이 원활한 사업 추진을 위해 만나야 할 사람들은 쌓여 있습니다. 미래 사업을 위해 만나야 할 사람도 많습니다. 그런데 그들을 만나면 '을'의 입장에서 아쉬운 소리를 해야 합니다. 부탁도 해야 합니다. 잘못한 것 없어도 굽실거리기도 해야 합니다. CEO나 임원들은 조직을 위해 이런 일을 당연하고 흔쾌히 해야 합니다.

직원들한테 지시하고 명령하고 행세하다가 '을'이 되어 부탁하고 아쉬운 소리하고 굽실거려야 하니 사람 만나기가 싫은 겁니다. 행세할 수 있는 하청업체나, 어떤 행사장이나 가려고 합니다. 회사 외부에서 해야 할 일을 하지 않으니 내부에서 긴 시간을 보내야 합니다. 사업 전략 연구하고, 새로운 사업 고민하고, 아이디어 생각하면 내부에서도 시간이 부족합니다. 그러나 이런 분들은 그런 고민도 하지 않습니다. 대부분의 시간을 헛되이 보냅니다. 오히려 바쁜 직원의 업무시간을 빼앗습니다. 임원이나 경영자가 몰라도 되거나 의미 없는 내용을 묻고 답변 못하면 질책합니다. 직원들이 정상적으로 업무 볼 시간을 주지 않습니다. 보고서 만드느라 하루를 다 보냅니다. 퇴근하면서도 낼 아침에 보고받을 내용을 지시하고 갑니다. 추진하는 사업에 집중하고, 이상 여부 점검하고, 진행사항 체크해야 할 시간에 보고서 만들어야 합니다. 2002년 이전 kt가 공기업 때에 보고서 형식에 목숨 거는 임원이 있었다는 웃지 못할 전설이 있습니다. 보고서 세로줄인 항, 목의 간격이 맞는지 실제로 '자'로 재기까지 했다고 합니다. 정작 그 임원은 자신이 주도하는 사업에서는 목표하는 성과를 내지 못했습니다. 책임은 당연히 담당 임원이나 경영자에게 있습니다. 그러나 나중에 보면 그 책임을 직원들이 짊어지고 있습니다.

2012년 kt 계열사 중 한곳에 새로운 임원이 대표이사를 맡았습니다. 전임 CEO는 그룹 CEO의 경영 실패에 대해 자주 쓴소리를 했습니다. 부당하고 강압적인 청탁을 거부했습니다. 결국 임기 2년 후 연임되지 못하고 퇴임했습니다. 신임 대표는 직원들에게 '○ 대리'로 불렸습니다. 거의 모든 임원과 부장들이 매일 외부 일을 보지 못하고 사무실에 있어야 했습니다. 전략을 수립하고 사업 진행사항을 점검해야 할 간부들이 대표한테 보고하고 답변하기 위해 대기해야 했습니다. 고객을 만나고 현장에 있어야 할 간부들이 사무실에 있어야 했습니다. 모든 업무가 거의 마비 지경이었습니다. 사업을 어떻게 하면 잘할 것인지가 아니었습니다. 회사 업무에 대한 자신의 지적 욕구를 채우는데 집중했습니다.

하루는 임원회의를 마칠 때쯤이었습니다. 대표가 한 임원한테 "회의가 끝나는 대로 영업이익률을 계산하는 담당 직원을 내방으로 보내세요."라고 합니다. 회의가 끝나고 "또 무슨 일인가요?" 하고 담당 임원한테 물었더니 "A 기업에 사업계획서를 신청하는데 영업이익률을 담당 직원하고 직접 계산해 확인하겠다고 합니다. 허허허 참, 말릴 수도 없고 골치 아프네요." 하고 대답합니다. 1년 후 대표이사는 결국 퇴임했습니다. 많은 임직원이 "1년을 돌아보니 보고서 쓴 기억밖에 없다."며 쓴웃음을 지었습니다. 직원들에게 큰 비전과 상상력을 키워주지 못하고 꼼꼼한 잔소리에 집착하는 경영자는 빨리 물러나주는 게 낫습니다.

사소한 일에 목숨 거는 CEO

디테일한 내부 업무에 집중하는 CEO는 사소한 일에 자주 목숨을 겁니다. 비용절감 한다면서 택배비 아끼려고 직원이 직접 운반하라고 합니다. 회의시간도 아깝다고 토요일에 임원회의를 개최합니다. 1시간 일찍 출근하라 합니다. 비서실이나 윤리경영실은 임원들이 일찍 출근하는지 체크합니다. 중심보다 주변의 사소한 변화에 집중합니다. 본질의 변화보다 현상의 변화에 주목합니다. 외부에 보여지는 가시적 효과에 예민합니다. 경영철학이 확고하고 자신 있는 CEO는 보여주기를 위한 쇼를 하지 않습니다. 사소한 변화에 의연합니다. 그렇지 못한 CEO나 임원은 작은 일에 예민합니다.

사소한 일에 집중하는 경영자는 단기적인 주가변동에도 예민합니다. 매일 매일의 주가변동에 일희일비합니다. 주가에 조금이라도 나쁜 영향을 미치는 사안이 발생하면 신경질적인 반응을 보입니다. 내부 문제나 좋지 않은 이슈가 외부가 알려져 주가에 영향을 미칠까 봐 노심초사합니다. 주가란 경영성과의 결과물입니다. 성과가 좋거나 기업 관련 호재가 나오면 자연히 주가는 올라갑니다. 정치·경제적 요인에 따라 오르기도 하고 내리기도 합니다. 미국 나스닥이 오르면 우리의 코스피도 덩달아 오릅니다. 금리변화에도 민감하게 반응합니다. 투기성 자금의 유입 여부에 따라서도 변합니다. 주가는 일시적인 요인에 따라 등락하고 요동칩니다. 지난주의 주가와 이번 주의 주가가 다르다고 해서 회사에 어떤 변화가 있는 것은 아닙니다.

사소한 일에 집중하는 경영자는 작은 언론 기사 하나에도 민감하게 반응합니다. 유명 대기업이나 CEO는 자연히 언론의 주목을 받습니다. 중앙지, 지방지, 일간지, 주간지, 인터넷 신문 등은 늘 관심을 갖고 기업을 관찰합니다. 언론의 속성상 회사가 좋아할 홍보성 내용보단 문제가 있는 내용이나 사건사고 등을 기사화 합니다. 홍보실에서는 회사 이미지를 훼손하는 기사를 막기 위해 애를 씁니다. 저녁이면 주요 일간지의 다음날 아침 가판을 모두 살펴서 기업 관련 기사를 분석합니다. 기자를 접촉해서 해명도 하고 사정도 합니다. 내용이 사실과 많이 다를 경우 기사 전체를 빼기도 합니다. 조금 다르면 수정을 요청합니다. 크게 이슈가 될 만하거나 기업 이미지를 많이 훼손시킬 만한 내용이면 회사에 비상이 걸립니다. 나쁜 기업, 부도덕한 기업, 소비자 속이는 기업 등으로 기업 이미지가 크게 훼손될 경우 곧바로 매출에 악영향을 미칩니다. 주가도 큰 폭으로 떨어질 수 있습니다. 수억짜리 광고보다 나쁜 기사 하나가 더 영향력이 큽니다. 일부 언론은 광고를 매개로 협상도 합니다. 물론 협상조차 거부하는 언론사도 있습니다. 막지 못하는 기사도 많이 있습니다.

기업의 언론 대책은 보통 중앙지를 중심으로 세웁니다. 잘 알려지지 않은 언론지나 인터넷 신문까지 합치면 수십 종이나 됩니다. 모든 기사를 대상으로 할 수 없을 뿐 아니라 그럴 필요도 없습니다. 소위 찌라시 수준의 저급한 기사도 많습니다. 작은 기사 하나에도 민감하게 반응하면 언론에 휘둘리게 됩니다. 일부 저급한 언론은 의도적으로 좋지 않은 기사를 만들어 광고협상을 유도하기도 합니다. 몇 년 전에 모 일간지에서 kt 관련 시리즈 기사를 매주 싣기 시작했습니다. 담당 기자를 만나보니 언론사 차원에서 광고를 따기 위해 단단히 마음먹고 기사를 만들고 있었습니다. 결국 광고를 주고 기사를 막았습니다.

경영자는 사소한 일이나 사소한 변화에 예민하게 대응하거나 연연해서는 안 됩니다. 그러면 주가, 언론 및 경쟁사들의 작은 변화와 움직임에도 휘둘리게 됩니다. 큰 흐름에서 벗어나는 일이 아니면 권한 위임을 통해 직원들이 자율적으로 하게 해야 합니다. 작은 변화나 움직임에 민감해 하거나 연연해하면 직원들이 큰일을 할 수 없습니다. 모든 일이 마음에 걸리고 부담스러워 자율적으로 일할 수 없습니다. 도전의식을 갖고 열정을 쏟을 수 없습니다. 세세한 일에 매달려 중심의 흐름과 변화를 읽지 못하게 됩니다. 경영자는 큰 산과 같아야 합니다.

중심을 바로 세우고 큰 흐름에 집중해야 합니다. 그래야 작은 변화도 바로 볼 수 있습니다.

독버섯처럼 자라는 부정비리

국어사전을 찾아보면 부정은 '바르지 못함, 옳지 못함'이라고 합니다. 비리는 '올바른 이치나 도리에 어그러지는 일'이라고 합니다. 부정비리란 바르지 못할 뿐 아니라 올바른 이치나 도리에 어긋나는 행위를 일컫는 말입니다.

업무와 관련 있는 사람이나 업체에서 금품을 받는 행위, 특정 업체를 비호하거나 특혜를 주는 행위, 경쟁사로 자료를 유출하는 행위만이 부정비리가 아닙니다. 성과와 능력에 따라 평가를 하지 않고 인맥, 학연, 지연에 따라 인사평가를 하는 것도 부정비리 행위입니다. 사조직을 만들거나 특정 인맥을 세력화하여 사사로운 이익을 취하려고 하는 것도 그렇습니다. 조직 내 경쟁자와 선의의 경쟁을 하지 않고 험담하고 음해하는 것도 부정비리 행위입니다. 부정비리 행위는 정상적인 업무를 방해하는 행위, 정도경영을 훼손하는 행위, 사사로운 이익을 취하려는 행위, 정당하지 않은 행위 모두를 포함합니다. 혹자는 부정비리 범위를 너무 광범위하게 포괄한다고 항변할지 모릅니다. 그러나 정상적인 경영이 방해받거나 영향을 받는다면 모두 부정비리로 봐야 합니다.

CEO나 임원 등 경영자에 의해 자행되는 부정비리도 비일비재합니다. 분식회계가 그중 하나입니다. 기업이 고의로 자산이나 이익 등을 크게 부풀리고 부채를 적게 계상함으로써 재무상태나 경영성과, 그리고 재무상태의 변동을 고의로 조작하는 것을 의미합니다. 2001년 미국의 엘런사는 그로 인해 파산했습니다. 국내 SK 글로벌은 1조5천억 원에 달하는 분식회계를 했으나 정부는 경영주를 잠시 구속한 걸로 면죄부를 주었습니다. 비자금을 조성하는 행위도 부정비리의 하나입니다. 비자금은 기업체 등이 정상적인 기업 활동 이외의 용도에 사용할 목적으로 비밀리에 만들어 감춰둔 자금을 통틀어 말합니다. 1987년 범양상선 이래 현대, 삼성, 효성, 포스코 등 굵직한 기업들의 비자금 조성 사건은 끝이 없습니다. 우리는 2007년 김용철 변호사가 고발한 천문학적 숫자의 삼성 비자금 고발사건이나 2002년 대선 당시 한나라당 대통령 후보 캠프가 받은 불법 대선자금을 기억합니다. 한나라당은 2.5톤 트럭에 실린 현금 150억 원을 트럭째 넘겨받은 사실이 드러나 '차떼기 정당'이라는 오명을 얻었습니다. 삼성 340억, LG 150억, 현대차 109억, SK 1백억 원 등 재벌기업들이 대선자금으로 바친 돈은 모두 불법으로 조성한 비자금이었습니다. 경쟁업체와의 담합행위도 그렇습니다. 담합을 통해 가격을 통제함으로써 부당한 이익을 취합니다. 본사와 계열사간의 내부자거래를 통한 이익 몰아주기도 있습니다. 고객을 속이는 행위도 있습니다. 원산지나 정품 정량을 속이거나 비위생처리를 하기도 합니다. 위해 독성물질을 하수구나 강에 유출하는 행위도 있습니다. 기업의 불법 부당행위를 나열하자면 끝이 없을 것 같습니다.

이런 행위들은 경영자가 당장의 눈앞의 이익에 급급하여 발생합니다. 수단과 방법을 가리지 않고 자신과 조직의 이익을 도모할 수는 있습니다. 그러나 발각될 경우 도덕성 문제로 한순간에 무너질 수 있습니다. 아무리 좋은 성과를 내는 경영자라고 해도 도덕성에 문제가 있다면 그 조직의 미래는 밝을 수 없습니다.

반면, 정도 경영, 투명경영으로 지속 성장을 하는 기업도 있습니다. 미국의 '힐콥에너지'의 힐데브란드 대표는 2015년 12월에 1천381명의 전 직원에게 성과급으로 10만 달러(1억1천780만 원)씩을 지급했습니다. 2014년엔 5만 달러씩을 지급했습니다. 1989년에 설립한 힐콥에너지는 회사규모가 2배 성장시 보너스로 10만 달러를 지급하겠다고 공약했습니다. 그런데 지난 5년간 회사 규모가 2배로 성장하자 힐데브란드 대표는 직원들과의 약속을 지켰습니다. 석유와 천연가스를 주력 사업으로 하는 힐콥에너지는 회사의 재무제표 등 각종 경영정보를 직원들과 공유하는 투명경영을 해왔습니다(〈오마이뉴스〉, 2015. 12. 11).

정상적인 경영을 방해하는 모든 행위가 부정비리

임직원들은 부정비리 행위라는 것을 크게 인식하지 못하고 죄를 저지를 수 있습니다. 하지만 대부분은 부정비리 행위인지를 알고도 자신이나 집단의 이익을 위해 자행하기 때문에 더 큰 문제가 됩니다. 죄의식 없이 당연하게 부정비리를 한다는 것입니다. '바늘도둑이 소도둑된다'고 합니다. 누구나 부정행위를 처음 하기는 어렵습니다. 그러나 한 번 했던 사람은 담도 커지고 죄의식도 그만큼 적어집니다.

부정비리 행위가 반복되면서 정상적인 수순을 밟아가야 할 정책이나 업무가 왜곡됩니다. 직원들이 뭔가 이상하다는 낌새를 알아채기까지 그리 오랜 시간이 걸리지 않습니다. 금품을 받거나 어떤 혜택을 누리기 위해서는 그에 상응하는 반대급부를 제공해야 합니다. 특정 업체를 비호하거나 특혜를 주기 위해서는 자연히 지침을 바꾸거나 예외 조항을 두는 등의 무리를 해야 합니다. 정상적인 경로로 진행할 수가 없습니다. 매일 해당 업무를 보는 직원은 처음엔 뭔가 이상하다고 느낄 것입니다. 두세 번 비슷한 행위가 반복되면 "아, 뭐가 있구나." 하고 윗선의 부정비리 행위를 곧바로 알아차릴 것입니다. 직원들끼리는 정보를 공유합니다. 자칫 자신이 책임질 수도 있기 때문입니다.

담당 직원이 감당하기에 너무 부담이 크면 감사실에 투서를 할 수 있습니다. CEO 업무보좌 총괄을 할 때입니다. 임직원들의 부정비리 행위에 관한 투서가 편지로 자주 배달되어 옵니다. 한 번은 사무실 집기를 들여놓으면서 담당 상무가 리베이트를 받는다는 투서를 받고 조사를 했습니다. 사실 여부를 확인한 후 사실로 드러나면 감사실로 이첩합니다. 조사해보니 5백만 원의 리베이트를 받은 게 사실이었습니다. 감사실에서 조사를 완료한 후에 자진 사표를 내라고 했습니다. 담당 상무는 "다른 사람들도 그렇게 하는데 왜 나만 그러느냐?"며 적반하장이었습니다. 사표를 제출하지 않고 외부에 구명활동을 하였습니다. 국회 상임위원회 의원이 전화를 해서 가벼운 징계로 처리해달라고 부탁하는 등 여러 곳에서 구명과 협박 전화가 왔습니다. 감사실장이 찾아왔습니다.

"어떻게 하면 좋습니까?"

"그럼 당사자를 불러서 검찰로 넘길테니 검찰에서 구명운동 하라고 하시죠."

며칠 있다 전화가 왔습니다. 사표 받았다고 합니다. 강원도 원주에 원주연수원을 건축할 때입니다. 원주연수원에 45억 원을 들여 국제회의장을 짓겠다며 설계변경 요청서가 올라왔습니다. 원주연수원은 직원 연수원으로 사용할 목적으로 짓는 건물입니다. "원주에 무슨 국제회의장을 건설합니까?"라고 묻자 담당 임원은 CEO가 승인했다고 합니다. CEO가 승인한 서류를 보자고 하니까 구두로 승인했다고 합니다. 뭔가 이상하다 느꼈습니다. 바로 CEO를 찾아갔습니다. CEO는 구두로도 그런 승인을 한 적이 없다고 합니다. 금방 드러날 수 있는 거짓말을 하면서도 주저함이 없습니다.

협력사의 뒷배를 봐주고 활동비를 받아 챙기는 임원도 많습니다. 납품단가를 높게 책정하여 협력사에 이익을 줍니다. 납품 물량을 타사보다 많이 해주거나, 불량제품이 많이 납품되어도 눈감아줍니다. 고위 임원이 뒷배를 봐주는 업체를 조사한 적이 있습니다. 이 회사는 제품 시험을 할 때는 좋은 제품을 제출하여 시험에 통과합니다. 그러나 본 제품은 대충 만들어서 불량제품을 납품하는 방식이었습니다. 제품을 전수조사하여 불량품을 파악했더니 불량률이 약 30퍼센트에 달했습니다. 파벌 세력의 대표격인 임원이 활동비를 만들기 위해 이와 같은 부정을 저지르는 경우가 종종 있습니다.

남성 간부들의 여성 직원에 대한 성추행도 자주 일어나는 부정행위 중의 하나입니다. 야한 농담을 하거나, 회식자리에서 치근대거나, 은근히 신체적 접촉을 시도합니다. 자신의 딸이 직장에서 남성 직원이나 임원에게 위와 같은 성추행을 당한다고 생각하면 어떨까요? 그래도 자신의 부하 여직원을 성추행할까요? 2013년 계열사에서 일어난 일입니다. 고위급 임원이 유부녀 부하직원에게 만나자는 등의 문자를 계속 보내면서 치근댔습니다. 견디다 못한 여직원은 사표를 내고 직장을 그만두기까지 했습니다. 그런데 그 임원은 여직원이 퇴사한 이후에도 계속 문자를 보냈습니다. 새로 부임한 신임 사장도 관련 내용의 투서를 받았습니다. 그러나 무슨 이유에선지 정확히 조사하지 않았습니다. 결국 여직원의 남편이 본사 감사실에 투서를 했습니다. 해당 임원은 회사를 떠났습니다.

회사의 법인카드를 사용함에서도 부정비리 행위가 자주 발각됩니다. 법인카드로 생활용품 및 선물 등 사적인 물품을 구입합니다. 또한 소위 '카드깡'(물건을 구매한 것 같이 허위로 전표를 끊은 다음 현금으로 되돌려 받는 행위)을 해서 현금으로 사적인 용도에 사용합니다. 내 것이 아닌 것에는 그것이 어떤 것이든 사사로운 욕심을 내지 않아야 합니다.

인사 시기에 허위의 임원 인사안을 유포하여 회사를 혼란하게 했던 사례도 있습니다. 회사는 임원 승진과 보직 배치안을 발표합니다. 회사가 공식적으로 발표하지 않았는데 허위의 임원 보직 배치안이 회사 내에 유포되었습니다. 임직원들은 자연히 술렁이기 시작했으며 사실 여부를 확인하느라 분주했습니다. CEO의 강력한 지시에 따라 감사실에서 긴급히 조사해서 며칠 만에 범인을 잡았습니다.

부정비리 행위는 회사의 정상적인 경영을 방해하는 행위입니다. 부정비리가 자행되면 경영 전략이나 마케팅 전략, 자산관리 등이 의미 없어집니다. 전략이 경쟁사로 넘어가고, 자료가 유출되고, 특혜나 비호 등으로 엉뚱한 업체가 선정되는 등 기업의 일상적인 경영체계를 붕괴시킵니다. 정상적인 가치 창출이 어렵게 됩니다. 그 손실은 모두 회사와 직원들의 부담이 됩니다. 사람이 있는 곳에 부정비리가 하나도 없을 수는 없습니다. 그러나 정도경영을 훼손하는 정도가 되어서는 안 됩니다. 하나도 없으면 더욱 좋겠지요.

제4장

사람을 죽이는 기업 사람이 살리는 기업

지나치게 엄격하면 조직이 죽는다

기업 조직은 직원들에 대한 권한 위임과 자율적 결정이 활성화될 때 숨 쉬는 조직이 됩니다. 상사와의 일상 소통이 원활할 때 모든 업무에 거침이 없습니다. CEO나 임원이 지나치게 엄격하면 말이 없어지고 행동이 위축되고 죽은 조직이 됩니다. 규율이나 규칙이 엄격하면 진실을 밝히기보다 모면하고 피하기 급급해집니다. 사람중심 기업은 사람이 존중받고 경영의 중심이 되는 조직입니다. 사람이 규율이나 규칙을 지배하는 기업입니다. 사람이 규율이나 규칙에 끌려다니는 조직이 아닙니다.

회사 조직 내에 부정비리를 예방하고 조사하는 기관으로 감사실 또는 윤리경영실이 있습니다. 윤리경영실에 있는 직원들은 형사 같고, 수사관 같고 검사 같습니다. 윤리경영실에서 조사 나왔다고 하거나 오라고 하면 직원들은 겁을 냅니다. 혹시 "내가 뭐 잘못한 거 있나?", "우리 부서에 뭐 조사할 게 있나?"하고요. 조선시대 때나 지금이나 우리 사회는 소위 '관'이 주도하는 사회입니다. 즉, 공무원이 주도하는 사회입니다. 공무원을 '국민의 종'이라고 하지만 실제로 그런가요? 공무원이 국민의 종으로 국민에게 순종하고 복종한 적이 있나요? 공무원은 이조시대 때나 독재정권 때나 지금이나 국민 위에 군림해왔습니다. 지방자치제가 실시된 이후 조금 부드러워지고 친절해졌을 뿐입니다.

수백 년을 이어오는 관 주도의 역사로 관공서에 가면 괜히 주눅 들고 위축됩니다. '무슨 꼬투리라도 잡혀 일을 그르치면 어떻게 하나' 하고요. 국세청 세무조사나 감사원 감사 한 번 받으면 진을 다 뺍니다. "조사 나왔으니 뭐라도 하나 가지고 가야 한다."고 있는 거 없는 거 다 뒤집니다. 심지어는 거래도 합니다. 그냥 돌아갈 수 없느니 몇 개 내놓으라고 합니다. 기업의 감사실, 윤리경영실도 크게 다르지 않습니다. 뭘 적발해서 징계할 것인가에 혈안이 되어 있습니다.

기업 중에는 잦은 감사와 일벌백계를 통해 조직의 질서를 세우려는 곳들이 많습니다. 직원을 불안과 공포로 관리하려 합니다. 그러나 징벌과 공포로 잘못을 잡으려고만 하면 조직은 위축되고 적극적 활동을 하지 않습니다. 일시적으로는 질서를 잡을 수도 있습니다. 비용을 절감할 수도 있습니다. 그러나 징벌이 과하면 직원들은 무엇이 잘못인지 심각하게 생각하지 않습니다. 무엇을 잘못했는지 반성하지 않습니다. 새로운 사업을 시도해보거나 창조적인 발상을 하지 않습니다. 시도조차 하지 않으려고 합니다. 회사의 처벌을 두려워한 나머지 과감하게 추진하지 못합니다. 열 개의 새로운 사업을 추진하다 그중 아홉 개가 실패해도 하나의 성공이 회사를 먹여 살릴 수 있습니다. 그러나 이런 분위기에서는 그 하나도 추진하지 않으려고 합니다. 하더라도 나중에 감사받을 것을 예상하고 절차상 하자가 없게끔 정리하는 데 시간을 허비합니다. 엄격한 잣대를 적용하여 징벌하는 조직에서는 책임을 면하는 데 급급합니다. 또는 처벌이 잘못보다 가혹하다고 불만만 가지게 될 것입니다.

2009년 이후 윤리경영실 활동이 대폭 강화되었습니다. CEO가 누구한테 kt가 부패하고 부정비리가 많은 조직이라고 들었는지 부임하자마자 부정부패 척결에 앞장섰습니다. 시도 때도 없이 감사를 했습니다. 어제는 감사결과 누가 적발되어 해임되었네, 누가 징계받았네 하는 소문뿐이었습니다. 임직원들은 지시받은 일, 정해진 일 외에는 하지 않았습니다. 대외 고객과 골프 치는 것도 겁나 아예 고객을 만나지 않았습니다. 회의 때면 윤리경영실 직원이 나와 부정비리 엄단하겠다고 입에 거품을 물었습니다. 회사는 움직이지 않았습니다. 쥐 죽은 듯 조용했습니다. 그 누구도 나서려고 하지 않았습니다. 그 누구도 새로운 일을 추진하지 않으려고 했습니다. 잘못이 있어도 남에게 전가하거나 숨기기에 바빴습니다.

데이터로 남겨라

부정비리는 재발하지 못하도록 질서를 잡아야 합니다. 그러나 지나친 징벌이나 공포는 모든 걸 잃게 합니다. 조직 전체가 겁에 질려 움직이질 않습니다. 자발적이고 창조적이고 적극적이고 과감하고 긍정적인 모든 사업 활동이 정지되고 중단됩니다. 실수하지 않고, 잘못하지 않고, 적발되지 않으려고만 합니다. 또 그런 일만 합니다.

사소한 잘못은 너그러이 용서할 수 있어야 합니다. 사업 실패는 징벌로 남기는 게 아니라 데이터와 경험으로 남겨야 합니다. 아홉 개를 실패해도 마지막 한 개를 성공할 수 있도록 격려하고 사기를 북돋워 주어야 합니다. 직원들이 실수나 사업 실패를 두려워하지 않고 적극적으로 아이디어를 낼 수 있도록 장려해야 합니다. 그럴 때 나중엔 더 좋은 결과로 돌아옵니다. 멘스웨어하우스의 짐머 회장은 '사람에게 두 번의 기회를 주라'는 철학을 갖고 있습니다. 매장에서 물건을 훔친 직원조차 처음엔 해고하지 않고 다른 매장으로 배치합니다. 작은 잘못을 용서하고 실수를 허용하는 도전적 조직문화는 아이디어를 장려하여 지속적인 성장을 견인합니다.

감사실이나 윤리경영실은 감사해서 징계만 하는 조직이 아닙니다. 무엇이 잘못되었고 왜 그렇게 되었는지를 조사하여 데이터로 남길 수 있어야 합니다. 담당 부서에 컨설팅을 해주어야 합니다. 결과를 보고 잘못을 지적하고 징계하는 것은 누구나 할 수 있습니다. 언제라도 할 수 있습니다. 그러나 경험과 데이터로 남기는 것은 누구나 할 수 있는 일이 아닙니다. 다른 사업을 추진할 때 실수나 잘못을 반복하지 않기 위해 반드시 남겨야 할 자산입니다. 징벌이 주가 되어서는 안 됩니다. 반복되지 않도록 예방을 할 수 있어야 합니다. 정확한 사업 분석을 통해 남들이 찾지 못하는 실패 요인을 찾아내야 합니다.

대부분의 기업 윤리경영실이 징벌과 징계만을 주요업무로 담당합니다. 결국 실패사업 분석은 사업을 추진했던 부서가 합니다. 당연히 객관성과 공정성, 정확성이 떨어질 수밖에 없습니다. 그래서 실패했던 사업사례가 경험과 데이터로 남지 못하는 것입니다. 실패가 반복되는 것입니다. 윤리경영실의 업무 재정립이 필요합니다. CEO의 의지로 실수를 용인하는 도전적 조직문화와 제반 여건을 만들어야 합니다.

불안과 공포는 조직을 파괴한다

CEO나 임원의 경우 옆집 아저씨 같이 유순한 사람이 있는가 하면, 저승사자 같이 무서운 사람도 있습니다. 대개는 사람의 품성이나 성격적 특성일 수 있습니다. 그러나 조직을 손쉽게 통제하기 위해 조직에 긴장과 불안감을 조성하는 사람도 있습니다.

직원 개인간의 경쟁 유도, 평가제도 강화, 직원들에 대한 감시와 통제, 업무 수행도가 떨어지는 직원에 대한 부서 이동 등 다양한 방법이 있습니다. 물론 적절한 긴장감은 생산성 향상이나 근무기강을 세우기 위해 긍정적일 수 있습니다. 그러나 긴장과 불안 공포가 장기화되면 결국은 회복할 수 없게 됩니다. 불안과 공포가 심해지면 직원들은 극도로 예민해지고 짜증을 많이 냅니다. 남이 자신의 행동을 주시한다는 두려움에 두통과 불면증, 소화불량 및 지나친 걱정 등으로 정상적인 일상생활을 할 수 없게 됩니다.

사업부문에 직원들을 자주 야단치고 질책하는 부장이 있었습니다. 이 사람은 툭하면 신경질적 반응을 보였습니다. 직원들이 조그만 실수를 하거나 잘못해도 강하게 질책했습니다. 직원들은 힘들어했습니다. 그 부서는 늘 조용하고 적막이 감돌았습니다. 부장이 무서워 직원간에도 서로 얘기를 하지 못했습니다. 직원들은 매일 즐거움도 없고 보람도 없었습니다. 마지못해 지시받은 업무를 수행할 뿐이었습니다. 특별한 동기부여가 될 만한 것도 없었습니다. 타 부서원을 만나면 긴 한숨을 내쉴 뿐이었습니다. 그렇게 1년이 지났습니다. 직원들은 인사 시기를 맞아 타 부서로 가려고 빈자리를 찾는 데 아우성이었습니다. 누구도 그 부장과 함께 일하려고 하지 않았습니다.

사람은 불안을 가장 싫어한다

심리학자에 따르면, 사람은 불안을 가장 싫어한다고 합니다. 불안과 불확실함을 기피하는 건 인간의 기본적 속성이라고 합니다. 불안이 예측되는 상황이라면 누구나 피하려고 합니다. 언제 어떻게 될지 모르는 긴장되고 불안한 상황을 좋아할 사람은 없습니다. 직원들에 대한 감시와 통제를 강화하면 긴장도를 높여 단기적인 목적은 달성할 수 있을지 모릅니다. 그러나 장기화하면 피로도가 누적됩니다. 또한 그런 상황을 피하려는 강한 마음이 앞서 목표한 성과를 낼 수 없습니다. 경영자가 너무 엄격하거나 감시와 통제를 심하게 하면 직원들은 빠져나갈 궁리를 합니다. 처음에는 적응하려고도 하고 견뎌내려고도 합니다. 그러나 통제가 계속되어 참을 수 있는 한계를 넘으면 최대한 피하기 위한 방법을 찾습니다.

경영자의 웃는 모습은 찾을 수 없고 늘 찡그리고 화난 얼굴만 봅니다. 그냥 보고만 있어도 긴장감에 몸의 근육이 오그라듭니다. 또 어떤 꼬투리를 잡을까? 또 어떤 야단을 칠까? 늘 긴장돼 있어야 합니다. 같은 공간에 있다는 그 자체만으로도 무섭고 겁이 납니다. 때로는 보고가 맘에 들지 않는다고 심하게 모욕적인 질책을 당합니다. 원하는 성과를 못 낸다고 여러 사람 앞에서 혼이 나고 심지어는 다른 부서로 발령이 납니다. 통보 없이 현장 방문을 하고서 부서장이 없었다고 해임합니다. 소문을 들은 모든 임직원은 극도의 불안과 공포에 휩싸입니다. 경영자와 눈이 마주치지 않으려고 합니다. 마주쳐봤자 꼬투리 잡혀서 질책을 당할 게 뻔하니 피하는 데 급급합니다. 경영자가 들어서 싫어하거나 짜증낼만한 사안은 아예 보고도 하지 않습니다. 나중이야 어떻든 지금 당장의 공포에서 벗어나려고 합니다. 회의를 해도 말하는 임원이 없습니다. 괜히 잘못 말해 경영자의 심기를 건드렸다가는 그날로 쫓겨날지도 모릅니다. 문제가 될 만한 사항은 모든 숨기거나 뒤로 미뤄집니다. 나중에 드러나서 쫓겨날지라도 지금 당장은 피하려고 합니다.

긴장되고 불안하고 무서운 조직엔 침묵이 대세입니다. 소통이 없습니다. 사소한 일상의 얘기도 하지 않습니다. 잘못 얘기했다가 어떻게 될지 모르는 불안과 불확실성이 앞서 모두 피하려고 합니다. 문제가 터질 때 터지더라도 가급적 숨깁니다. 불안이 쌓이고 문제가 쌓여 더 이상 어쩔 수 없을 때 터집니다. 소통이 없는 조직은 결국 큰 사건이 터집니다. “그때 진작 얘기했으면 이렇게까지 가지는 않았을 거 아닌가?”라고 질책하고 후회도 합니다. 그러나 그때엔 그 누구도 사실을 얘기할 엄두를 내지 못합니다. 똑같은 상황이 반복돼도 달라지지 않습니다. 직원을 탓하기 전에 직원들의 입을 닫게 한 경영자부터 자성해야 합니다. 소통할 수 없는 조직은 늘 불안합니다. 언제 뭐가 드러날지 모릅니다.

불안과 불확실성을 감수하고서라도 새로운 사업을 시도할 때가 있습니다. 신사업은 성공할 확률이 워낙 낮습니다. 그런데 신사업 TFT를 구성하면서 "성공 못 하면 다 죽을 줄 알아, 모두 해고야!"라고 한다면 누구도 결코 모험을 하지 않으려 할 것입니다. 신사업의 성공을 위해 결연한 의지를 다지는 것은 좋지만 지나치게 불안감을 조성하면 시작부터 난관에 부딪힐 것입니다. 불확실한 도전을 할 경우 경영자는 실패하더라도 직원들한테 큰 불이익이 가지 않도록 퇴로를 만들어 주어야 합니다. 직원들이 불안해하는 요인을 찾아 해소해 줘야 합니다. 그러면 더 강한 추진력을 얻을 수 있습니다.

골프장에서 라운딩할 때 여러 형태의 홀을 돌게 됩니다. 파 3, 파 4, 파 5홀 등 다양한 길이와 형태의 홀이 있습니다. 타석에서 그린이 보이는 홀도 있고 페어웨이가 굽어져 그린이 보이지 않는 도그레그 홀도 있습니다. 타석에서 드라이브를 칠 때 그린이 보이는 홀보다는 그린이 보이지 않는 홀이 긴장되고 부담이 더 큽니다. 앞이 불확실하므로 불안합니다. 드라이브를 치고 세컨샷을 할 위치에 서면 그린이 보입니다. 마음의 부담이 사라집니다. 그린에 잘 올릴 것 같은 자신감마저 듭니다. 마찬가지로 골프공이 없이 연습 스윙을 할 때는 다 프로샷인데, 공만 앞에 있으면 아마추어가 됩니다. 공이 없을 땐 불확실성이 없습니다. 그런데 앞에 공이 있으면 불확실성이 높아집니다. 어떻게 쳤느냐에 따라 공이 나가는 방향이 다릅니다. 오비가 날 수도 있고 해저드에 빠질 수도 있습니다. 공을 치기 전에 어디로 날아갈지 알 수 없습니다. 아마추어는 우려한 방향으로 날아간다는 농담도 있습니다.

불확실성이 사라지면 일을 더 촉진할 수 있습니다. 경영자는 조직에서 직원들이 불안해하는 요인이 무엇인지 찾아서 해소해줘야 합니다. 경영자가 불안을 조성해서는 조직을 활성화할 수 없습니다. 직원들의 열정을 끌어낼 수 없습니다. 직원들의 잠재력을 발현시킬 수 없습니다. 경영자는 직원들이 긴장하고 불안해하고 불확실한 공포를 찾아 제거해줘야 합니다.

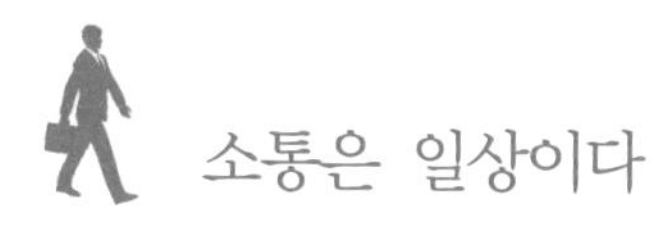

소통은 일상이다

사람들은 '소통'하면 괜히 부담을 갖습니다. 뭔가 거창한 말을 해야 할 것 같은 생각 때문입니다. 중심적 테마를 정하고 공식적인 자리에서 의견을 나눠야 꼭 소통이라고 생각할 수 있습니다. 임원들에게 직원들과 소통하라고 하면 괜한 회의만 많아집니다. 소통이 직원들을 더 괴롭히는 요소로 됩니다. 소통은 공식적인 것이 아닙니다. 꼭 주제를 정하고 의견을 교환해야 하는 것도 아닙니다. 소통은 사소한 것입니다. 사람들이 사는 사회에서 소통은 그냥 일상입니다. 자신의 의견을 얘기하고 상대방의 얘기를 듣기도 합니다. 어제 누구를 만나는데 어쨌다는 등, 옷을 샀는데 맘에 꼭 든다는 등등 일상의 대화가 소통입니다. 기쁨과 슬픔, 아픔과 외로움 등 일상의 감정을 공유하고 공감합니다. 특정한 목적이 있는 얘기도 아닙니다.

사회생활을 하면서 사람들과 가까이하지 못하고 소통하지 못한 사람은 정상적인 언어와 행동을 할 수 없습니다. 사람이 다른 사람을 만나지 못하고 말을 하지 않는다면 정말 끔찍한 일이죠. 사람은 다른 사람을 만나고 관계를 갖고 싶어 합니다. 사람이 아닌 동물이나 다른 대상과의 만남으로는 사람과의 만남에서 생기는 감정을 경험할 수 없습니다. 사람과의 만남과 대화를 통해서만 느낄 수 있는 감정이 있습니다.

앞에서 언급한 아코르앰배서더코리아호텔은 회의시 회의 자료가 없습니다. 주간회의 때 별도로 회의록을 만들지 않는다고 합니다. 회의록을 만들고 발표해야 한다고 느낄 때 직원들은 뭔가를 보여주기 위해 쓸데없는 일을 벌일 수 있다고 합니다. 전 직원이 그렇게 한다면 조직의 발전에 도움이 안 될 뿐 아니라 개인도 스트레스를 받게 된다고 합니다. 따라서 편안한 분위기에서 차 한 잔 마시면서 사회 전반의 이슈, 최신동향, 호텔 상황에 대한 의견 등을 자유롭게 공유하고 토론합니다. 자유로운 분위기에서 개인적 의견을 비롯해 개선점, 지속할 점을 얘기하고 토론합니다. 아코르앰배서더코리아호텔은 자유로운 미팅 속에서도 스스로 해결점을 찾아 실천한다고 합니다. 위임 전결구조를 확대해 직원들이 일정 부분에서 권한과 책임을 갖도록 합니다. 단위 부서장이 실질적으로 맡은 부서 업무에 대해 최종 결정권을 갖도록 함으로써 결재로 인해 업무처리가 늦어지는 일을 방지한다고 합니다.

소통은 상대에 대한 관심과 마음

소통은 상대방에 대한 관심입니다. 직원들에 대한 관심의 표현입니다. 머리 모양이 바뀌었다는 등, 옷이 멋있다는 등, 얼굴이 예뻐졌다는 등 직원들의 일상의 모습과 생활에 대한 관심입니다. 함께 일하는 직원들에 대한 관찰의 표현입니다. 직원들에 대한 배려입니다. 자신이 누군가에게 관심의 대상이 된다는 건 기쁘고 행복한 일입니다. 좋아하는 이성이 자신에게 조금이라도 어떤 관심을 표현한다면 그날은 온 종일 날아갈 듯 행복할 것입니다. 높은 상사가 관심을 주면 괜히 기분

좋고 고맙고 우쭐하죠. 상사의 마음씨가 넉넉해 보이고, 멋있어 보이고 유능해 보이죠. 상사에 대한 좋은 마음을 갖게 됩니다.

소통은 사소한 표현입니다. 업무와 전혀 관계없는 사소한 표현이 소통의 시작입니다. 사소한 표현이 의사소통을 크게 바꿉니다. 경영자의 사소한 한마디가 직원들의 마음을 바꿉니다. "어제 아이디어 참 좋았어.", "보고서 아주 잘 만들었는데.", "오늘 아주 멋있어 보이는데." 등의 사소한 한마디가 직원 가슴에 일하고 싶은 마음을 갖게 합니다. 일에 대한 열정을 불어넣습니다.

진정한 소통은 마음입니다. 동료간, 상사와 직원간 마음이 전해지는 게 소통입니다. 의사소통이 자유롭지 못한 조직은 불안한 조직입니다. 마음이 전해지지 않는 조직은 무서운 조직입니다. 상사가 툭하면 화내고 직원들 야단치는 조직엔 소통이 없습니다. 조폭조직이거나 군대 같은 조직은 지시와 명령뿐입니다. 권위주의적인 조직, 명령하달식의 일방적인 조직, 직원을 통제하고 감시하는 조직에선 자유로운 의사소통을 할 수 없습니다. 마음을 전할 수가 없습니다. 의사소통이 권위에의 도전으로 받아들여집니다. 자신의 견해를 주장하는 것이 명령 불복종으로 간주될 수 있습니다. 부하직원의 하극상으로 취급될 수 있습니다. 이런 조직에선 상호간의 신뢰관계도 있을 수 없습니다.

어느 날 갑자기 동료 직원이 말도 없고 화가 난 표정을 하면 어떨까요? 왜 화가 났는지, 내가 뭐 잘못한 건 아닌지, 무슨 일이 있는지 등등 궁금해합니다. "혹시라도 내가 어제 했던 말 때문인가?" 라고 오해할 수도 있습니다. 소통하지 않으면 오해가 생깁니다. 사람끼리의 소통은 일상이고 자연스러운 현상입니다. 일상의 내용을 공유할 수 있어야 자신의 생각이나 주장도 얘기할 수 있습니다.

소통 없는 사람중심 경영은 없다

사람중심 경영에서 의사소통은 필수요건이자 충분조건의 하나입니다. 자유로운 소통은 직원들의 잠재력을 발현시킬 수 있는 좋은 방법입니다. 역량 있는 직원들의 의욕을 살리는 길입니다. 상사가 직원들과 소통하지 않는 것은 암묵적으로 직원들을 무시하는 것으로 보일 수도 있습니다. 경영자가 모든 사안을 결정할 능력이 있다고 과신하는 것입니다. 서로 다른 사람과 서로 다른 의견들이 만나고 부딪치고 교류하는 것이 소통입니다. 활발한 소통은 관점을 풍부하게 합니다. 커다란 통찰력이 만들어지는 통로입니다.

어떤 사람은 직원의 입장에서, 어떤 사람은 회사의 입장에서 얘기할 것입니다. 어떤 사람은 마케팅적 관점에서, 어떤 사람은 고객의 입장에서 주장을 펼 것입니다. 생각하는 관점과 초점의 차이에 따라 똑같은 사안에 대해서도 서로 다른 해석을 합니다. 다양한 견해, 다양한 입장은 조직에 혼란을 가져오는 게 아니라 조직의 건강함을 보여주는 것입니다. CEO와 임원간, 임원과 직원간, 직원들 사이에 소통이 부족하면 업무가 원활하게 돌아갈 수 없습니다. 같은 말이라도 이해를 달리할 수 있습니다. 2004년경 CEO 업무보좌 총괄을 할 때입니다. 갑자기 CEO에게 호출이 와서 급히 달려갔습니다.

"내가 전 직원한테 마케팅 비용을 주라고 승인한 기억이 없는데, 영업본부장은 내가 허락했다고 하네, 어떻게 된 거야?"

"네, 회장님, 잠깐만 기다리세요. 곧 확인해 드리겠습니다."

곧바로 본부장이 CEO께 보고했던 날의 녹취록을 확인하라고 했습니다. 임직원이 공식적으로 CEO께 보고할 때는 업무보좌팀 직원이 동석하여 메모하고 녹취합니다. 혹시라도 있을 수 있는 오해를 없애고 경영기록으로 남기기 위함입니다. 녹취록을 풀어 들어보니 담당 본부장은 CEO께 업무 보고시 "전 직원에게 마케팅 비용으로 50만 원씩을 지급하겠습니다." 라고 보고했습니다. 그러나 CEO는 해당 사안에 대해 '예스'나 '노'를 하지 않았습니다. CEO가 '예스'라고 직접 언급하지 않았다는 건 승인하지 않았다는 것을 의미합니다. 즉, 정확히 '예스'라고 하지 않는 것은 모두 '노'인 것입니다. 본부장은 CEO의 대화의 특성을 몰랐던 것입니다. 본부장이 보고할 당시 CEO는 특별히 '안 된다' 라고 언급하지 않았으니 CEO가 승인한 것으로 오인했습니다. 그러나 CEO는 자신이 정확히 '예스'라고 하지 않았으니 승인하지 않은 것으로 기억했습니다.

"회장님, 회장님께서는 분명히 '예스'라고 하지 않았습니다. 그러나 당시의 정황상 본부장은 회장님께서 별도의 말씀이 없으셨기에 승인한 것으로 생각했을 것입니다. 이미 직원들에게 지급한 상태에서 회수할 수 없으니 직원들의 사기를 생각해서 사후 승인한 것으로 하세요. 그리고 차후 이런 문제가 재발하지 않도록 주의를 주세요."

소통의 부족과 이해의 차이가 엄청난 결과를 불러왔습니다. 약 150억 원이라는 돈이 직원들에게 지급되었습니다. 본부장은 CEO의 "그렇게 하라."는 말이 없었으니 재차 확인했어야 합니다. 그러나 묻지 않고 자신이 이해한 대로 시행했습니다. 만약 평소에 CEO의 대화 특성을 알았다면 그런 실수도 하지 않았을 것입니다.

CEO가 너무 엄격하거나 임직원들을 무시하고 막 대하면 소통은 이뤄질 수 없습니다. 임직원들의 입장에선 CEO가 자상하게 대해도 어렵고 편하지 않습니다. 그런데 CEO가 자주 화를 내고, 고함을 치며 질책하면 어떨까요? 보고할 때 질문에 제대로 답변을 못 했다고, 자신과 생각이 다르다고 야단치고 보고를 중단시킨다면 어느 누가 보고를 하고 싶겠어요? 누가 CEO와 편하게 얘기를 할 수 있겠어요? 회의시 CEO가 배석한 것만으로도 조마조마하고 불안 불안한데 어떻게 사실을 얘기할 수 있겠어요? CEO가 자신에게 질문하지 않기만을 신께 기도할 텐데요. 회의가 끝나면 "휴"하는 긴 안도의 숨을 몰아쉬겠죠. 자연히 임직원은 CEO가 좋아할 만한 사안만 보고하고 질책을 받을 만한 사안은 숨길 수밖에 없습니다. 야단과 질책을 피할 묘안 짜기에 몰두할 겁니다. 임원과 직원 사이도 마찬가지입니다. 보고가 맘에 안 든다고 보고서를 집어 던지는 임원한테 그 누구도 정확하게 사실대로 얘기를 할 수 없습니다.

매우 권위주의적이고 강압적이며 엄격하고 자칭 천재라는 CEO가 있었습니다. 이분은 임원들이 보고할 때 자기 생각과 다르면 그 자리에서 이삼십 분에 걸쳐 심한 질책을 합니다. 사람이 다르기 때문에 당연히 생각이 다를 수 있습니다. 아주 자연스러운 현상입니다. 그러나 이분한테는 용납되지 않습니다. 보고서의 내용이 자기 생각과 다르다고 보고서를 올린 부장을 현장 발령 내기도 했습니다. CEO 질문에 맘에 드는 답변을 못 하거나 경영 관련 수치를 자세히 알지 못하면 그야말로 죽음입니다. 심한 경우 CEO 입에서 '이 새끼 저 새끼'하는 육두문자까지 나옵니다. 임원이 회장과 다른 자신의 주장을 피력하는 것은 상상할 수도 없습니다. CEO한테 보고하는 것 자체가 공포였고 두려움이었습니다. CEO 생각과 다른 보고는 있을 수 없으며 보고서 만들기 전에 CEO 생각부터 파악하는 게 우선이었습니다. 보고와 관련된 모든 수치를 메모하고 외워야 했습니다. 모든 정책은 회장 생각대로 결정되고 실행되었습니다. CEO 혼자 천재였습니다. 역대 최악의 CEO라는 불명예를 안고 퇴임됐습니다.

소통은 경영자의 의지

소통은 경영자의 의지입니다. 소통이 없는 조직은 언제 터질지 모를 시한폭탄과도 같습니다. 늘 불안하고 초조해 합니다. 조직을 공포로 몰아넣는 사람을 누구도 뛰어난 경영자라고 하지 않습니다. 성품 자체가 말이 적고 과묵한 경영자도 있습니다. 조직사회에서 소통은 위에서 아래로 내려가지 거꾸로 밑에서 위로 올라가지 않습니다. 경영자가 강력한 실천 의지를 갖고 소통을 해야 합니다. 직원들과 가까워져야 합니다. 경영자가 먼저 다가가야 합니다. 맘에 안 든다고 직원을 직접 질책하지도 마세요. 임원들에게는 야단을 치고 질책해도 직원들에게는 칭찬하고 고마워하고 사기를 높이는 얘기만 하세요. 임원들은 늘 만날 수 있고 대화를 나눌 수 있기에 이해할 수 있습니다. 언제든지 관계를 회복할 수 있습니다. 그러나 직원들은 그러지 않습니다. 자주 볼 수가 없습니다. 헝클어진 관계를 회복할 기회가 없습니다.

가정에서 어머니는 자식과 자주 부딪치고 갈등도 빚지만 오래가지 않습니다. 많은 시간을 함께하고 사소한 일상의 대화를 하기 때문에 서로 이해의 폭이 넓습니다. 언제든지 관계를 회복할 수 있습니다. 그러나 아버지와 자식간의 관계는 좀 다릅니다. 우리의 아버지는 대부분 일찍 출근하고 늦게 귀가합니다. 아버지와의 갈등이 생겼을 때 해소할 기회도 적고 서로 이해할 수 있는 폭도 좁습니다. 따라서 똑같은 야단이라도 아버지한테 듣는 건 더 서운합니다. 한번 갈등이 생기면 오래 갑니다. 쉽게 해소되지 않습니다. 평소의 작은 소통은 갈등이 생기더라도 언제든지 관계를 회복할 수 있게 해줍니다. 위에서 아래로 흐르는 일상적인 소통은 즐겁고 재밌는 조직을 만드는 중요한 요소가 됩니다.

끼리끼리 패거리 문화

얼마 전 정부기관에 있는 지인한테서 전화가 왔습니다. kt 임원 몇몇한테 아무개 씨에 관해 물었더니 용비어천가만 부른다고 합니다. 현재 kt는 CEO 회장이 아닌 아무개 씨 라인의 사람들이 중요 조직을 장악하고 있기 때문입니다. '끼리끼리'는 '여럿이 무리를 지어 따로따로'라는 뜻을 가진 말입니다. 조용하다가도 선거철이나 뭔 때가 되면 꼭 나타납니다. 지연, 혈연, 학연 등으로 포장되어 단골손님처럼 나타납니다. 동료의식을 촉발시켜 갈등을 없애고 조직적인 힘을 만들어내는 긍정적인 측면도 있습니다. 문제는 패거리 문화입니다. 패거리 문화란 '끼리끼리 뭉치고 봐주는 문화'입니다.

패거리 문화는 소통과 개방을 거부합니다. 투명하고 정당한 경쟁을 인정하지 않습니다. 자기 사람 챙기기와 경쟁자를 제거하는데 집중합니다. 공존과 상생의 논리도 부인합니다. 구성원들이 실력을 쌓기보다 대표자에 충성하는데 몰두합니다. 과거 군대 내 최대 사조직이었던 '하나회'가 파벌조직의 대표적 형태입니다. 해체되기 전까지 군 요직을 독식했습니다. 하나회 소속이 아니면 어디서 명함도 내밀지 못했습니다. 전두환, 노태우 전 대통령을 비롯해 12·12 쿠데타를 일으켰던 군 간부들이 대부분 하나회 소속이었습니다. 정치권의 누구누구 계파라고 하는 것도 모두 파벌입니다. 친박, 비박, 친노, 비노 등 여당과 야당

내에 서너 개의 계파조직이 있어 통합된 정치를 어렵게 합니다.

2015년 11월 기상청과 장비 납품업체 케이웨더는 기상장비 '라이다'의 성능을 둘러싸고 법정 다툼을 벌였습니다. 기상청은 지난 2012년 케이웨더사에서 48억 원짜리 라이다(공항 활주로에서 갑자기 부는 돌풍을 탐지해 항공기의 안전한 이착륙을 돕는 장치)를 납품받았습니다. 그러나 라이다에 대한 예비 검사에서 '부적합' 판정이 나자 기상청이 인수 및 대금 지급을 거부하면서 납품업체와 법정소송이 시작되었습니다. 기상청장은 올해 초 비서와 운전사 등 자신과 접촉이 많은 직원 4명을 교체했습니다.

'라이다' 장비와 관련하여 내부회의 자료가 이해 관계자들에게 넘어가는가 하면 회의내용은 물론 청장의 말까지 고스란히 외부에 유출됐기 때문입니다. 라이다 장비와 관련하여 계약관계가 복잡하게 된 건 기상청 내 S대와 Y대 파벌간의 고질적인 싸움이 배경이라는 후문입니다. 기상산업 발전 초기에 관련 학과를 운영하던 주요 대학이 이 두 곳밖에 없다 보니 일찍부터 조직이 양분되어 이전투구를 벌였다고 합니다. 기상청 내에서는 파벌간의 고질적인 갈등 때문에 장비 발주나 사업자 선정 입찰이 진행될 때마다 '특정 라인' 밀어주기 아니냐는 의혹이 제기되었다고 합니다. 또한 소수 민간업체가 기상청 내부에 영향력을 행사할 수 있을 정도였다고 합니다. 기상청과 민간업체와의 유착관계 속에서 기술개발이나 정확한 평가보다 인맥관리에 더 신경을 쓰는 부작용이 나타났다고 합니다(《동아일보》, 2015. 11. 2).

우리가 남이가

파벌 또는 라인조직은 초기에는 같은 학교나 같은 지역 출신자, 같은 직종 사람들이 유사한 경험 또는 비슷한 어려움을 겪으면서 동병상련의 공감을 합니다. 조직 부적응 직원들이 서로를 이해하며 모이기도 합니다. 조직에서 성과가 부진하고 승진에서 누락되거나 경쟁에서 뒤처진 사람들이 사적인 모임을 만들기도 합니다. 시간이 지나고 함께 하는 사람들이 늘어나면서 생각이 바뀝니다. 비슷한 유형의 사람 중에 직급이 높은 사람을 상징적인 대표로 만들고 그 사람 주변으로 결집합니다. 소위 누구의 '라인'이 만들어지는 것입니다.

'라인'은 조직 내에서 특별한 형태가 없습니다. 보이지도 않습니다. 그러나 막강한 세력으로 움직입니다. 직원들은 자기를 지켜줄 세력의 품으로 은신합니다. 당연히 소신 있는 목소리는 사라지고 보호받을 궁리만 합니다. 건전한 비판과 이성은 마비됩니다. 배신자라는 낙인이 찍히는 게 두려워 함부로 나오지도 못합니다. 이제는 자신들의 이익을 위해 라인의 힘을 이용합니다. 주요 조직에 라인 사람을 만들거나 배치합니다. 부서별로 라인 사람들이 중심이 되어 조직을 사사로이 장악합니다. 조직이 라인 사람들 중심으로 운영됩니다. 심하면 인사, 감사 등 회사 내 주요 조직이 라인 중심으로 운영됩니다. 이쯤 되면 라인 사람들한테 줄서기가 횡횡합니다. "제는 누구 라인이래, 게는 이번에 그쪽에 줄 섰데." 등 조직 내에 금세 소문도 퍼집니다. 라인에 줄을 서지 않으면 보호받을 수도, 혜택을 받을 수도 없다는 것을 소문을 통해 알립니다. 라인은 회사 전 조직으로 확대됩니다. 라인에 속해 있는 직원 중심으로 승진되고 조직이 운영되는 상황이 벌어집니다.

이들은 CEO를 허수아비로 만들고 실권을 장악합니다. 특히 새로 부임한 CEO일 경우엔 회사 내 라인의 존재 여부를 잘 모르기 때문에 훨씬 수월하게 움직입니다. 라인 수장이 발 빠르게 움직여 CEO와 긴밀한 유대관계를 만듭니다. 평가도 조직운영도 자신들의 뜻대로 좌우합니다. 그동안 바른 소리 하고 소신 있는 발언을 했던 눈엣가시 같은 임원들을 아웃시킵니다. 라인에 위협이 될 만한 임직원이 하나둘 사라집니다. 반면, 라인에 속해 있는 임직원은 보호받고 승진되고 주요 보직을 얻게 됩니다. 심지어 몇 년 전에 부정으로 아웃됐는데 더 높은 직급으로 복직도 됩니다. 그들만의 화려한 리그가 펼쳐집니다. 자기들끼리 주요 보직을 나눠 갖습니다.

CEO와 대립관계인 경우엔 재임 기간 내내 CEO를 몰아내기 위한 각종 음해 공작을 펼칩니다. 회사 및 사업 관련 중요 정보를 수시로 경쟁사에 넘깁니다. 정책 실패 사례나 내부 문제를 언론에 흘립니다. 정보기관이나 국회 등에 내부 자료를 유출합니다. 각종 찌라시 등에 CEO 및 회사에 대한 음해와 험담, 마타도어를 반복적으로 흘립니다. 중요 사업정보가 경쟁사에 수시로 넘어가는 상황에서 경영전략이 의미 없어집니다. 언론에선 기업 관련 정보가 크게 이슈화됩니다. 국회를 비롯한 정부기관에서 질책과 더불어 책임론이 대두됩니다. CEO가 회사 경영을 정상적으로 할 수 없게 되는 지경에 이릅니다. 회사 존립까지 위태로워집니다. 후임 CEO로 자신들의 수장을 세우기 위한 작업을 시작합니다.

파벌은 부족한 사람들의 이익 취하기

kt는 DJ 대통령 이전엔 영남 출신이, DJ 대통령 때에는 호남 출신 임직원들이 곧 힘이고 세력이었습니다. 그러나 노무현 대통령의 참여정부가 들어서면서 지역색은 약화되었습니다. 대신 특정 직종을 중심으로 한 일부 임직원들이 아무개 씨를 중심으로 사적인 연대감을 가지면서 세를 확장하기 시작했습니다.

겨울 어느 날 분당 본사에 근무하는 임원들 앞으로 우편이 배송되었습니다. 발신인은 당연히 없었습니다. 뜯어보니 CEO와 측근 임원들에 대해 음해를 하는 내용이었습니다. 몇몇 임원한테 사전에 양해를 구하고 CEO 업무보좌팀에서 수령했습니다. 직원들의 지문이 묻지 않도록 비닐봉지에 넣어 서울경찰청 사이버수사대에 보냈습니다. 범인의 지문이 나오기를 기대했습니다. 며칠 후 서울경찰청 사이버수사대에서 전화가 왔습니다.

"와, 이 사람들 대단하네요."

"왜? 뭐가 나왔나요?"

"아뇨, 지문검사를 했는데 하나도 안 나왔어요. 꽤 지능적으로 했네요. 프로급이에요."

지능범죄 뺨쳤습니다. 누가 했는지 짐작은 하지만 결국 보낸 사람을 잡지 못했습니다. 회사 이미지도 있어 공식수사를 요청하지는 않았습니다. '아이러브스쿨'이라는 사이트가 있습니다. 동창 찾기 사이트로 2000년대 초반에 꽤 알려진 사이트였습니다. 역시나 CEO와 회사를 음해하는 내용이 게재되어 역으로 추적했습니다. 조사결과 나온 곳은 양평에 있는 어떤 찜질방 PC였습니다. 이 정도면 가히 범죄도 프로급이죠

'우리가 남이가'로 대변되는 끼리끼리, 편 가르기, 패거리 집단문화는 어디서나 독버섯처럼 생겨나고 퍼집니다. 대부분의 기업이 회사 내 사조직을 용인하지 않는 강한 이유입니다. 작은 세력이라 해서 그냥 둬서는 안 됩니다. 언제 어떤 형태로 조직을 위협할지 모릅니다. 경영진은 처음부터 철저히 패거리 문화나 파벌의 씨앗을 제거해야 합니다. 몇 명 안 된다고, 세력이 적다고 얕보며 그냥 둘 것이 아닙니다. 처음부터 제거해야 합니다. 그렇지 않으면 나중에 땅을 치고 후회합니다.

직원 마음을 알면 성과가 보인다

우리나라는 '이혼 선진국'이라고 할 만큼 이혼하는 부부가 많습니다. 2014년 30만5천5백 쌍이 결혼해서 가정을 이뤘습니다. 그러나 다른 한쪽에선 11만5천5백 쌍이 이혼해서 가정이 깨졌습니다. 이혼 사유 중 가장 많은 것은 서로의 '성격 차이'라고 합니다. 연애시절 서로에게 콩깍지가 씌워졌을 땐 성격은 큰 문제가 아니었습니다. 비슷하면 비슷해서 좋다고 합니다. 취미가 비슷하고, 좋아하는 배우가 같고 정서가 유사하다는 등 오랜만에 짝을 만났다고 기뻐합니다. 다르면 달라서 좋다고 합니다. 취미도 다르고, 성격도 다르고, 좋아하는 배우도 다르니까 서로 부족한 부분을 채울 수 있다고 합니다. 그러나 3년이 못돼서 갈라지는 부부들이 생겨납니다. 서로의 성격 차이 때문이라고 합니다. 처음에는 다른 사람에게 매력을 느끼지만, 시간이 지날수록 그런 차이가 불편하게 느껴집니다. '화성에서 온 남자, 금성에서 온 여자'처럼 서로를 이해할 수 없었다고 합니다. 하다못해 수십 년을 함께 살아왔던 노부부의 황혼 이혼도 많아졌습니다. 서로 기대고 의지하며 살아야 할 황혼에 갈라섭니다. 황혼 부부들의 이혼사유 역시 성격차이가 47.2퍼센트로 가장 높은 비율이라고 합니다.

떨어져서는 한시도 못살 것 같아서 결혼했는데 몇 년을 버티지 못하고 헤어집니다. 이혼하지 않는 부부라고 해서 갈등이 없는 건 아닙니다. 자식 때문에 또는 이혼할 용기가 나지 않아 어쩔 수 없이 남남 같이 사는 부부들도 많습니다. 둘 사이도 갈등이 심해져 갈라서는데 하물며 수십, 수백 명에 이르는 조직은 어떻겠습니까? 몇 년 전 LG경제연구소가 조사한 바에 따르면, 직장생활에서 가장 힘든 점은 첫 번째 직장 상사와의 갈등이며, 두 번째는 동료와의 갈등이라고 합니다. 개인과 조직의 성과를 떨어뜨리는 주요 요인이 갈등이란 의미입니다.

사람은 누구나 갈등을 피하고 싶어 합니다. 그러나 사람이 있는 곳에 갈등이 없을 수 없습니다. 친목을 다지는 동호회에서조차 서로 의견이 다른데 이익을 추구하는 기업조직에서 갈등이 생기는 건 당연합니다. 꼼꼼하고 완벽한 것을 좋아하는 경영자는 덤벙대는 직원 때문에 힘들어합니다. 그때그때 상황에 따라 계획을 바꾸는 직원은 매사 계획대로 되어야 마음을 놓는 경영자 때문에 주눅이 들어 있습니다.

세상을 살아가면서 부딪치는 문제를 해결하는 방식도 저마다 다릅니다. 느긋한 행동이 어떤 사람에게는 편안하게 느껴지지만, 어떤 사람에게는 답답하게 느껴질 수 있습니다. 논리적, 객관적, 분석적으로 결정하는 사람을 보며, 어떤 사람은 종합적이고 철저한 분석과 결정에 놀라워합니다. 그러나 다른 사람은 바늘로 찔러도 피 한 방울 안 나올 매정한 사람으로 봅니다. 이처럼 사람의 성격은 다 다릅니다. 상대방이 틀린 게 아니라 서로 다른 것입니다. 경영자의 성격이 틀린 것도 아니고, 직원의 성격이 틀린 것도 아닙니다. 경영자와 직원의 성격이 다를 뿐입니다. 경영자가 직원한테 "내 방식에 맞추라."고 한다면 직원은 너무 힘들어집니다. 다르다는 것을 인식하지 못할 때 경영자와 직원 사이에는 갈등이 생깁니다.

화이부동 동이불화

전 세계 73억이 넘는 인구 중 성격이 똑같은 사람은 단 한 사람도 없습니다. 사람마다 서로 다름을 인정하면 심한 갈등도 없고 편안해질 수 있습니다. 서로 다름을 받아들여야 다양한 의견과 아이디어를 구할 수 있습니다. 사람마다 서로 다르기 때문에 생각도 다르고 행동도 다릅니다. 한 사건을 놓고 보는 관점도 다르고 해석도 다릅니다. 다름을 알면 다양하고 폭넓고 깊은 생각을 얻을 수 있습니다.

공자는 《논어》의 '자로' 편에서 "군자는 화이부동(和而不同)하고 소인은 동이불화(同而不和)한다."고 했습니다. 지금은 고인이 되신 성공회대 신영복 석좌교수는 《담론》에서 "군자는 다양성을 인정하고 지배하려고 하지 않으며, 소인은 지배하려고 하며 공존하지 못한다."고 합니다. "화(和)는 다양성을 인정하고 존중하는 관용과 공존의 논리인 반면, 동(同)은 지배와 흡수합병의 논리"라고 합니다. 내 생각을 강요하는 사람은 남을 지배하려는 소인배입니다.

정신분석학자인 칼 구스타프 융은 사람의 성격은 태어날 때부터 한 성향을 띠고 평생 바꾸지 않는다고 합니다. 의식적이건 무의식적이건 그 성향대로 행동합니다. 물론 반대 성향을 전혀 사용하지 않는 것은 아닙니다. 반대의 성향도 사용하지만 그렇다고 원래의 성향이 없어지는 것은 결코 아닙니다. 예를 들어 외향성인 사람은 결코 내향성인 사람으로 바뀔 수 없습니다. 그 반대도 같습니다. 오른손잡이가 왼손을 사용하는 연습을 했다고 하여 왼손잡이가 되는 것은 아닙니다. 왼손을 능숙하게 사용할 수는 있지만 그렇다고 왼손잡이가 되지는 않습니다. 중학교 3학년 때 어떤 시험 준비의 일환으로 의도적으로 왼손 연습을 한 적이 있었습니다. 왼손으로 젓가락질도 했습니다. 오른손으로 하는 것을 모두 왼손으로도 해봤습니다. 왼손 사용빈도가 높아지긴 했으나 그래도 오른손을 사용할 때가 훨씬 편했습니다.

사람의 성격이 조직에서 중요하게 여겨진 것은 특히 1990년 이후부터입니다. 지식기반 사회가 되면서 사람(인적 자본)이 조직 경쟁력의 원천이며 성공을 좌우하는 핵심요인으로 부각되었기 때문입니다. 인적 자본에 대한 중요성이 강조됐다는 점은 직원, 그리고 직원과 고객과의 관계가 중요해졌다는 것을 의미합니다. 사람과의 관계가 강조되면서 서로 협조하고 동기를 부여하는 팀워크가 중요한 요소로 되었습니다. 사람중심의 조직이 되면서 직원과 고객은 물론 상사와 부하직원간에 신뢰하고 이해하는 자세가 요구되었습니다. 따라서 경영자는 고객은 물론 직원들의 욕구와 성향을 알아야 하고 그에 맞춰줄 수 있어야 했습니다. 사람의 성격이 서로 다르다는 것을 이해하지 못하면 오해와 불신이 생기고 갈등이 심해질 수 있습니다. 서로 감정이 상하고 소통의 통로가 막힐 수 있습니다. 실제로 카네기멜론 대학이 조사한 바에 따르면, "직원들의 3분의 1 이상이 직속상사를 신뢰하지 않는다."고 합니다(《유능한 팀장은 팀원의 성격을 읽는다》, 오토 크뢰거외 공저, 더난출판).

좋은 성격도 나쁜 성격도 없다

칼 구스타프 융과 융의 심리유형을 연구한 캐서린 브릭스, 이사벨 브릭스, 그리고 피터 마이어스에 의해 70여 년간에 걸쳐 개발된 MBTI (The Myers-Briggs Type Indicator)에 따르면, '좋은 성격도 없고 나쁜 성격도 없다'고 합니다. 다만, '다를 뿐'이라고 합니다. 약속시간에 자주 늦는 사람은 상대방을 무시해서가 아닙니다. 결함이 있어서도 아닙니다. 그런 성격적 특징을 가지고 있기 때문입니다. 우리는 '자기 방식대로' 행동하는 사람을 못 마땅히 여깁니다. 심지어는 독선적이고 독불장군식의 인격 결함자로 취급할 수 있습니다. 그러나 성격유형을 이해한다면 그 사람의 행동을 이해할 수 있습니다. 사람들의 성격유형을 이해하면 자신의 성격을 알 수 있습니다. 자신과 더불어 일하는 사람들의 행동을 이해할 수 있습니다. 자신과 다른 사람이 어떤 점이 비슷하고 또 어떤 점이 다른지를 알 수 있습니다. 자신의 성격 때문에 주변 사람들이 무엇이 힘들었고 어떤 어려움을 겪었는지를 알 수 있습니다.

성격유형에 따르면, 사람은 어떤 성향을 갖고 태어납니다. 성향은 대립적 성격을 띠는 네 쌍으로 이뤄집니다.

외향성(E)	←——→	내향성(I)
감각형(S)	←——→	직관형(N)
사고형(T)	←——→	감정형(F)
판단형(J)	←——→	인식형(P)

외향성은 사람들을 만나면서 에너지를 얻는 형입니다. 생각보다 말과 행동이 앞서는 사람입니다. 누구와도 쉽게 사귀며 많은 사람을 알고 지냅니다. 회의를 즐기고 자기 생각을 거침없이 발표합니다.

내향형은 혼자 사색하면서 에너지를 얻는 형입니다. 혼자만의 조용하고 평온한 시간을 즐깁니다. 말이 적고 소수의 사람과 긴밀한 관계를 유지합니다. 행동하기 전에 생각하기 때문에 외향성에게 느리고 답답하다는 소릴 듣습니다.

감각형은 정보를 받아들일 때 오감을 통해 인식하기 때문에 현실적이고 구체적이고 정확합니다. 사실과 수치를 중시하며 보는 것만 믿는 사람입니다. 직관형에게 너무 현실적이라는 비판을 받습니다.

직관형은 유추, 통찰 등을 통해 사물을 인식합니다. 사실보다는 느낌, 분위기, 의미 등을 중시합니다. 미래지향적이며 가능성을 보고 도전을 즐깁니다. 감각형에게 뜬구름만 잡는다는 비판을 받습니다.

사고형은 의사결정을 할 때 논리적이고 객관적이며 분석적이고 체계적으로 합니다. 냉정하고 침착하며 원칙과 사실을 중시합니다. 옳고 그름을 따지며 강직한 성품입니다. 감정형에게 냉정하고 무정하다는 비판을 받습니다.

감정형은 의사결정을 할 때 다른 사람의 감정까지 고려하여 결정합니다. 자신보다 다른 사람을 먼저 생각하며 갈등을 싫어합니다. 따뜻하고 부드러운 성품의 소유자입니다. 인정받기를 좋아합니다.

판단형은 자신과 상황과 주변을 통제하려고 합니다. 순서와 절차와 질서를 중시하며 전통을 지키려 합니다. 모든 것이 제자리에 있어야 하며 정리정돈을 잘합니다. 인식형에게 숨 막힌다는 비판을 받습니다.

인식형은 자유를 추구하는 형입니다. 구속과 속박, 간섭을 싫어합니다. 상황을 있는 그대로 받아들이며 새로운 것에 도전하기를 좋아합니다. 호기심이 많고 삶을 즐깁니다. 계획을 잘 세우지 않으며 정리정돈을 못합니다. 업무 마감 시간을 지키지 못합니다.

서로 다를 뿐이다

8개의 성향은 한쪽을 선호하는 편향성이 있습니다. 두 성향 모두를 골고루 사용하지만 더 좋아하는 성향이 있습니다. 오른손잡이라고 해서 왼손을 사용하지 않는 것은 아닙니다. 오른손을 더 자주 편하게 사용할 뿐입니다. 네 쌍의 성격유형을 보면 상호간에 많이 다릅니다. 따고난 성향이 다른 것입니다. 외향형은 내향형이 느리고 답답하다고 합니다. 반대로 내향형은 외향형이 정신없고 말만 앞선다고 합니다. 감각형은 직관형이 현실적이지 않고 뜬구름만 잡는다고 합니다. 직관형은 감각형이 미래지향적이지 못하고 보수적이며 너무 현실적이라고 합니다. 사고형은 감정형이 사람만 좋아 제대로 옳은 결정을 하지 못한다고 합니다. 감정형은 사고형이 정이 없고 매정하고 건조하다고 합니다. 판단형은 인식형이 매사 덤벙대며 제대로 일을 마무리하지 못한다고 합니다. 인식형은 판단형이 숨이 막히도록 답답하며 보수적이고 꼼꼼하고 쪼잔하다고 합니다. 서로가 상대의 성향을 이해하지 못한다면 위와 같은 비판이 생기고 갈등의 골이 깊어집니다. 반면, 상대방의 욕구와 선호 편향성을 이해한다면 사람들의 다양한 차이를 이해하고 에너지로 승화시켜 조직의 발전을 도모할 수 있습니다.

성격유형이 모든 문제를 해결해 줄 수는 없습니다. 그러나 조직원들의 갈등을 해소하는 방법을 찾는데 도움을 줄 수 있습니다. 성격유형을 알면 서로 이해할 수 있습니다. 관계를 개선할 수 있고 시너지 효과를 얻을 수 있습니다. 서로 다름을 인정하고 존중하면 공존할 수 있습니다. 다름을 인정하지 않는 자세는 다른 사람을 지배하고 통제하려는 지배자의 마음입니다.

저는 심리적 성격유형을 배운 이후 조직을 경영할 때 직원들에 대한 성격유형 검사를 통해 업무에 반영했습니다. 즉, 직원간, 직원과 상사간의 갈등의 유형을 파악합니다. 갈등의 조짐을 예방할 뿐 아니라 갈등이 발생했을 때 어렵지 않게 해소할 수 있었습니다. 회사 업무에도 반영했습니다. 예를 들어 객관적이고 논리적인 사업 분석 업무는 사고형 직원에게, 신사업 업무엔 직관형과 인식형 직원에게, 구체적인 정리 업무는 감각형과 판단형 직원에게 맡깁니다.

현재 성격유형 검사는 HSBC, IBM, 포드 자동차, 벨 애틀랜틱 등 〈포춘〉이 선정한 500대 기업 및 미 정부기관에서 실제로 하고 있습니다. 국내에서도 대부분의 대기업이 성격유형 분석을 통해 업무 재배치 및 갈등 해소 등 다양하게 활용하고 있습니다. 심지어 학교에서는 재학 중에 여러 번의 검사를 통해 학생 진학지도에도 활용하고 있습니다.

유능한 경영자는 직원들에게 자기 성향을 강요하지 않습니다. 자기방식대로 따를 것을 요구하지 않습니다. 다만 반대편의 성향을 이해하고 아우릅니다.

직원이 사소한 재미를 즐기게 하라

"아, 출근하기 싫다." 자신도 모르게 튀어나오는 말에 깜짝 놀랍니다. 혹시 집사람이 듣지는 않았는지 주변을 둘러봅니다. 다행히 아무도 없습니다. 집에서조차 편하게 얘기할 수가 없습니다. 가족들이 걱정할까봐요. 일어날 시간을 알리는 알람이 울리지만 몸은 천근만근입니다. 자꾸 깊은 늪으로 빠져 들어가는 것만 같습니다. 나오려고 허우적거려 보지만 더 빠져 들어갑니다. 해도 해도 끝이 보이지 않는 일에 짓눌려 삽니다. 매일 12시 땡 쳐야 들어가는 집은 언제부턴가 하숙집이 되었습니다. 출근길 콩나물시루 같은 전철에서 내리면 온몸에 있는 진이 다 빠져 있습니다. 영혼까지 없어진 푹 상해버린 고깃덩어리 같습니다. 어쩔 수 없지만 또 하루 일과를 시작합니다. 상사의 짜증 섞인 목소리가 들립니다. 보고서가 제대로 되지 않았다느니, 숫자가 틀렸다느니, 줄이 맞지 않는다느니 등 상사의 히스테리에 화가 치밀어 오릅니다. 달려가서 있는 힘껏 쥐어박고 싶으나 "으이그" 하며 꾹 참습니다. 건물 옥상으로 올라가 담배 한 대를 깊게 들이마셨다 "후" 하고 내뿜습니다.

직장생활을 하다 보면 살기 위해 일하는 건지, 일을 위해 사는 건지 헷갈릴 때가 많습니다. 직장생활이 지겨워집니다. 하루하루가 고무줄같이 팽팽하고 긴장되어 돌아갑니다. 모두 사소한 일에도 신경이 곤두섭니다. 오늘날 우리 모두의 모습이 아닌가 합니다. 언제 끊어질지 모르는 위험한 줄타기를 하는 것 같습니다.

직장인의 천국이라 불리는 일본 미라이공업의 야마다 사장은 "사원들을 놀게 하라."고 합니다. 미라이공업이 생산하는 1만8천여 개의 제품은 모두 잘 노는 베짱이 직원들이 짜낸 아이디어 결과물들입니다. "회사가 힘들수록 기쁘게 일을 해야 회사가 발전한다."고 합니다. 하루의 3분의 2를 보내는 직장생활이 즐겁지 않으면 결코 인생이 행복할 수 없습니다. 좋은 성과도 기대할 수 없습니다. 질 좋은 제품이 나올 수 없습니다. 즐겁게 일하는 직원이 성과도 좋습니다.

유대인의 노동철학은 '휴식'입니다. '잘 쉬어라, 신바람나게 놀아라, 그리고 일하라'입니다. 6일을 일하고 하루를 쉽니다. 6년을 일하면 1년을 쉽니다. 사람도 쉬고, 땅도 쉽니다. 수천 년 전부터 노동의 핵심을 휴식에 두었기 때문에 다른 민족이 따라갈 수 없는 창의력 넘치는 민족이 되었습니다. 인구는 0.3퍼센트에 불과한데 전 세계 노벨상 수상자의 3분의 1이 유대인입니다. 위성시스템 개발 전문업체인 중소기업 쎄트렉아이는 10년 근속시 1년 안식년을 사용할 수 있습니다. 공기업 한국동서발전도 안식년 제도를 운용하고 있습니다.

재미있어야 아이디어가 나온다

우리 사회는 사는 게 재미없는 사람이 너무 많습니다. 우선 직장이 그렇습니다. 일을 재미없게 만드는 직장의 문화나 분위기가 직원들을 주눅 들게 합니다. 쉼과 여유가 없는 직장이 직원을 병들게 합니다.

사회도 마찬가지입니다. 서점에는 처세서와 성공서가 널려 있습니다. 좋은 말은 다 갔다 골라 놓았습니다. 성공 중독자만이 사는 세상인 듯합니다. 어떻게 해야 즐겁고 행복한지를 잊은 듯합니다. 행복과 재미를 모르고 절망적인 삶을 살아가는 사람들 뿐입니다.

지식정보화 사회는 사람의 지적 창의력이 사회발전의 근본 동력입니다. 기업의 핵심 경쟁력입니다. 20세기 산업시대의 근면 성실만으로는 유지될 수 없는 사회입니다. 새로운 지식이 지속해서 창출되지 않으면 기업은 경쟁력을 상실합니다. 창의적 아이디어가 지속적으로 나와야 합니다. 일을 많이 한다고 되는 시대가 아닙니다. 일을 많이 하는 것과 일을 잘하는 것과는 다릅니다. 실제로 일 중독자는 일에 대한 근심과 걱정으로 시간을 많이 허비합니다.

직원들이 직장생활을 재밌어해야 창조적 아이디어가 나옵니다. 무한한 잠재력이 힘을 발휘합니다. 생산성이 높아지는 것뿐 아니라 몰입도가 높아져 제품의 질이나 서비스도 훨씬 나아집니다. 직원들은 큰 데서 재미를 찾지 않습니다. 사소한 것에서 매일매일의 재미를 느낄 수 있기를 바랍니다. 돈으로 사는 재미는 오래가지 않습니다. 인센티브로 직원들을 즐겁게 할 수도 있습니다. 그러나 보상에 대한 기대는 점점 커집니다. 시간이 지나면서 웬만한 보상에는 감동도 받지 않게 됩니다. 당연히 받는 것으로 여깁니다. 보상에 길들여진 사람은 보상이 사라지면 더 이상 흥미를 느끼지 못합니다.

아무것도 아닌 것 같은데 삶에서 느끼는 소소한 즐거움과 행복함은 참 많습니다. 저녁 식사 후 아이와 함께 산책하면서 느끼는 행복감도 있습니다. 커피 한 잔을 마시며 듣는 클래식 음악에서도 즐거움이 묻어납니다. 산에 올랐을 때 계곡을 타고 오르는 바람에 땀을 식히는 행복도 있습니다. 드라이브 하다 예쁜 찻집에서 차 한잔 하며 가을 들녘을 바라보는 여유와 넉넉함도 쏠쏠한 재미입니다. 삶을 지탱할 수 있는 것은 이런 소소한 즐거움이 있기 때문입니다.

일과 일터에서 느끼는 즐거움과 재미가 있습니다. 일이나 일터가 즐거우면 출근이 가벼워집니다. 일도 잘되고 성과도 좋아집니다. 일터에서의 사소한 즐거움은 결코 크지 않습니다. 그러나 그로 인한 변화는 엄청나게 큽니다. 직원들은 큰 재미를 원하는 게 아닙니다. 일터에서 작은 기쁨, 사소한 재미에 의미를 찾고 행복해합니다.

오래전 상무로 승진했을 때 CEO가 이런 말을 들려 주었습니다. "승진하면 그 기쁨이 얼마나 갈 것 같은가? 오래가야 고작 6개월이네. 그때 되면 그 기쁨도 다 사라지네." 정말이었습니다. 승진 기쁨도 그리 오래가지 않았습니다. 몇 개월 지나고 나니 특별한 게 없었습니다. 맘에 맞는 사람들과 일하면서 보낸 몇 년간 작은 기쁨들이 많았습니다. CEO가 믿음과 신뢰를 주었고 동료 임직원들과 함께 일하는 게 즐거웠습니다. 일이 좋았고 출근이 가벼웠습니다. 하루가 짧았고 1년이 정신없이 지나갔습니다. 밤을 뜬눈으로 새워도 힘든 줄 몰랐습니다.

경영자가 어떻게 하느냐에 따라 직원들은 달라집니다. 지옥 같은 시간을 보낼 수도 있고 사소한 즐거움으로 세월 가는 줄 모를 수도 있습니다. 경영자는 일터에서 직원들에게 사소한 재미를 찾아줘야 합니다. 쉼과 여유를 줘야 합니다. 경영자는 직원들에 대한 관심과 기대의 끈을 놓지 말아야 합니다. 직원들의 성장이나 꿈에 관심을 갖고 고민해주는 사람이어야 합니다. 무관심은 직원들에 대한 가장 무서운 벌입니다. 피그말리온 효과라는 게 있습니다. 누군가가 자신에게 기대하면 기대한 만큼 성과를 올린다는 이론입니다. 경영자가 직원을 존중하고 뛰어난 능력을 지닌 사람으로 대우하면 직원은 그만큼 높은 성과를 낼 수 있습니다.

먼저 다가간다

상사가 직원들에게 먼저 다가가야 합니다. 다가오기를 기다리다가는 세월 다 보냅니다. 자주 말을 걸어 보세요. 일상적인 소재로 소통하는 것입니다. 밥은 먹었는지, 얼굴색이 좋지 않다느니, 머리가 달라졌다느니 하는 소소한 관심과 표현을 해봅니다. 직원이 혼잣말로 '실없는 소리 하네'라고 할지도 모릅니다. 그러나 마음속으로는 기뻐합니다. 즐거워합니다. 당신이 다가간 만큼 다가올 것입니다.

직원들에게 관심을 갖고, 조직 내에 가족 같은 분위기를 만들 때 직원들은 가족이 됩니다. "이걸 일이라고 했나?" 하며 보고서를 던져 버리는 무서운 조직에선 하루라도 머물고 싶지 않습니다. 몸은 직장에 있으나 마음은 늘 딴 곳에 있을 수밖에 없습니다. 행복하지 않은 직원은 이직 의향이 있다고 합니다. 가족은 가족이라는 이유로 관심을 가져 주고, 아껴주고, 같이 아파해주고, 힘들 때 도와줍니다. 상사가 먼저 사소한 농담도 하며 쉼과 여유가 있는 분위기를 조성하면 됩니다.

권위주의적이고 서열중심의 조직문화에서 직원들의 만족도는 떨어질 수밖에 없습니다. 가족적인 분위기에서 행복해 할 것이라는 예상은 조사하지 않아도 알 수 있습니다. 행복한 직원이 좋은 성과를 내는데 당신이라면 어떤 분위기를 만들 것인가요? 경영자와 직원간의 자유로운 조직문화에서 직원들의 에너지를 발견할 수 있습니다.

리더의 한 마디는 직원을 우울의 늪으로 빠뜨릴 수도 있고, 기쁨과 희망의 날개를 달아줄 수도 있습니다. 작은 일이라도 인정해주고 칭찬하면 직원이 달라집니다. 칭찬을 한 자신도 기분이 좋아집니다. 칭찬만큼이나 직원을 신바람 나게 하는 것은 없습니다. 꾸지람은 사람을 의기소침하게 합니다. 우울하게 합니다. 짜증나게 합니다. 결점을 들추어내기보다 장점에 방점을 찍어보세요. 직원들에게 최고의 동기부여는 인정과 칭찬입니다. 구체적이고 공개적으로 해 보세요. 기업들은 '칭찬쿠폰제도', '즉시 시상제도' 등 다양한 칭찬 활성화 제도를 시행합니다. 그러나 제도 따로 현실 따로가 되면 있으나 마나 합니다. 제일 가까이 있는 상사, 매일 보는 상사의 칭찬이 가장 중요합니다. 제도보다 가까이 있는 게 상사입니다. 경영자입니다.

자신이 하는 일의 의미와 중요성을 모르고 투덜대는 직원들이 있습니다. 하찮은 일만 하는 것 같고, 회사에 별로 도움도 안 되는 일을 하는 것 같습니다. 그럴 땐 자신이 한심하게 보입니다. 무기력에 빠져 허탈하기까지 합니다. 직원들한테 일을 시킬 때는 그 일이 어떤 일이며 얼마나 중요한지 그 의미를 설명해줘야 합니다. 그리고 그 일을 잘할 수 있는 직원에게 맡겨야 합니다. 직원들의 능력은 다 다릅니다. 능력의 차이를 말하는 게 아닙니다. 능력의 종류가 다르다는 것입니다. 잘할 수 있는 일을 맡기고 자신감을 갖게 합니다. 직원들이 갖고 있는 재능을 꽃피울 수 있게 배려하고 도와줘야 합니다.

돈 한 푼 들이지 않고 직원들에게 사소한 즐거움과 행복을 줄 수 있습니다. 일터에서 일하는 재미를 갖게 할 수 있습니다. 그렇게 힘든 것도 아닙니다. 그냥 직원들에게 관심 갖고 동생같이, 누이같이, 친구같이 존중하고 배려하는 것입니다. 경영자는 직원들을 웃음 짓게 만들고 조직에 즐거움을 넘치게 할 수 있습니다. 다만, 할 것인가 말 것인가의 문제일 뿐입니다.

성과에 웃고 평가에 우는 조직

지인한테 전화가 왔습니다. 상의할 게 있으니 만나자고 합니다. 지인은 공공기관에 있는 사람입니다. 자신의 목줄을 쥐고 있는 기관의 상사가 자신이 알고 있는 kt 직원의 승진을 도와달라고 했답니다. 해당 기업의 영향력 있는 사람 명단을 주면서 부탁을 해 보라고 합니다. 어찌해야 할지 조언을 달라는 것입니다. kt 뿐만 아니라 많은 기업, 특히 공기업에서 승진 때가 되면 벌어지는 모습입니다. 승진에 목말라 있는 직원들이 청와대, 정부기관, 국회, 언론 등의 지인한테 승진 부탁을 합니다. 2015년 국정감사에서 최경환 부총리의 비리의혹 행위가 지적되었습니다. 최 부총리는 자신의 의원실 인턴 출신 H 씨를 중소기업진흥공단에 입사시키려 청탁했다는 의혹을 받고 있습니다. 사실이라면 평가의 공정성과 공공성을 훼손한 행위입니다. 기업의 문화와 가치에 맞는 뛰어난 인재가 승진돼야 하지만 현실은 그렇지 못합니다.

과거 공기업 때에는 외부 영향력 있는 곳에 청탁하는 직원이 많았습니다. 승진자를 정부가 확정하기도 했습니다. 국장급(현재 상무보) 이상의 승진자 후보 명단을 정부에 올린 다음 낙점자 명단을 받아 발표하기도 했습니다. 외부의 입김에 의해 승진여부가 좌우되다 보니 하다못해 국회의원 보좌관에게 천만 원을 주며 승진시켜달라고 한 사례도 있습니다. 나쁜 상사가 승진을 앞두고 있는 직원에게 금품을 받고 좋은 고과를 주는 사례도 많았습니다. 누구는 이번 인사에서 얼마를 챙겼다느니, 누구는 자동차를 구입했다느니 하는 소문이 무성했습니다.

2002년 민영화된 이후에도 청와대, 정부관료, 국회의원, 언론사 간부, 기관원 등에서 들어오는 승진 청탁이 CEO한테 만도 백여 건에 달했습니다. 승진이 가능한 직원들은 외부에 청탁을 하지 않습니다. 승진이 어렵거나 가능성이 없는 직원들이 외부의 힘을 빌려 승진을 하려고 무리수를 둡니다. 높으신 양반들도 자신이 청탁하는 직원이 회사 내에서 어떤 평을 받고 있는지 모르면서 무조건 부탁합니다. 아예 승진대상에 들지 않는 직원도 많습니다. 청탁했는데 승진이 되지 않으면 화부터 냅니다. 자신을 무시했다는 등, 도와줬는데 그럴 수가 있느냐는 등 서운함을 표합니다. 어떤 경우는 국정감사에서 가만두지 않겠다는 등, 정부정책에서 불이익을 주겠다는 등 협박도 합니다. 우리 사회는 알 만한 사람, 권력이 높은 양반이 더 안하무인입니다.

CEO한테 들어오는 승진 청탁이 많아 한 해는 청탁을 줄일 수 있는 묘안을 짰습니다. 우선 임원회의에서 CEO가 외부에 승진 청탁하는 임직원들에게 경고했습니다. "외부에 승진을 청탁한 직원은 승진대상에서 아예 제외할 뿐 아니라 몇 년간 승진에서 불이익을 주겠다."고 경고를 했습니다. 물론 경고를 했어도 승진 청탁은 예년과 다르지 않았습니다. 2단계로 특정 직원의 승진 청탁을 받으면 그 직원을 불렀습니다. "정부기관 ○○에 계시는 ○○○로부터 당신의 승진 청탁을 받았습니다. 따라서 당신은 이번 승진대상에서 제외될 뿐 아니라 몇 년간 대상자 명단에서도 빠질 것입니다."라고 경고했습니다. 그러자 한 명도 빼놓지 않고 자신은 그 사람을 모른다는 등, 왜 그랬는지 모르겠다는 등 발뺌하기 여념이 없었습니다. 이런 일이 있은 다음 해에는 승진 청탁자가 10여 명으로 급격히 줄어들었습니다. 지금도 승진 청탁이 있다는 것은 그래도 통하는 구석이 있으니까 청탁도 하는 것 아니겠습니까?

지나친 상사의 평가 권한

우리 사회의 기업 평가시스템은 지나치게 직속 상사의 권한에 의존하고 있습니다. 인사고과를 상사 1인의 평가에 의존하다 보니 권위주의적이고 강압적이고 독선적인 조직문화가 살아 있습니다. 군대식 문화가 기업조직에까지 일반화되어 있는 이유이기도 합니다. 상사의 눈 밖에 나면 승진을 위한 좋은 고과를 받을 수 없습니다. 인사권을 쥐고 있는 상사는 조직의 절대자입니다. 직원들 위에 군림할 수밖에 없습니다. 일상 업무에서도 상사의 의중이 가장 중요시됩니다. 상사의 잘못된 정책이나 지시라도 섣불리 "아니다."라고 말을 할 수 없습니다. 20여 년간 직장생활을 하면서 보고 느낀 것은 많은 직속 상사들이 인사평가를 제대로 하지 않는다는 것입니다. 공평무사하게, 원칙대로 공정하게 하지 않습니다. 주관적인 평가나 감정이 많이 개입됩니다.

대체로 상사들은 자신의 지시를 잘 따르거나 '내 편'이라고 생각되는 직원에게 좋은 평가를 줍니다. 반대로 상사의 의견에 반론을 제기했던 직원들은 혹독한 대가를 치릅니다. 고참 서열대로 줄을 세우기도 합니다. 개인적인 호불호 관계에 따라 평가를 하기도 합니다. 평소 상사의 비위를 잘 맞추는 직원한테는 후한 평가를 줍니다. 인맥, 학연, 지연에 따라 왜곡 평가도 합니다. 유능한 직원을 잡아두기 위해 좋은 평가를 약속하고도 정작 평가 시에는 자신의 라인에 속한 직원에게 주기도 합니다.

상사의 편향된 평가에 따라 인사고과가 끝나고 나면 무성한 뒷말들이 떠돕니다. 인사평가는 잘해도 말이 나옵니다. 왜냐하면, 백 퍼센트 객관적일 수 없기 때문입니다. 데이터에 기초한 정량적 평가도 있지만 정성적 평가도 있기 때문입니다. 백 퍼센트 만족하는 직원은 최고의 고과를 받은 직원 외에는 없습니다. 하물며 상사의 주관적이고 편향되고 감정이 개입된 평가라면 상사에 대한 불만과 불신이 극도로 높아집니다. 직원간, 상사와 직원간의 불협화음과 갈등이 조직을 균열시킬 것입니다. 조직을 파괴로 몰아갈 것입니다. 불공정한 상사 밑에서는 더 이상 남아 있지 않고 다음 해에 다른 부서로 옮길 것입니다. 유능한 직원은 다 떠날 것입니다.

완벽한 평가는 객관식 시험문제가 아니고선 불가능합니다. 그러나 최소한 성과에 웃고 평가에 우는 직원이 있어서는 안 됩니다. 누가 일을 잘했는지, 잘하는지는 동료직원들이 먼저 압니다. 그런데 평가가 달라지면 직원들은 사적 감정이 개입되었음을 바로 알아차립니다. 유능한 직원을 조직 내에 두기 위해서는 평가가 공정해야 합니다. 조직 분열을 막기 위해서는 평가의 공정성이 훼손돼서는 안 됩니다. 조직 활성화의 가장 기본적인 전제조건은 평가의 공정성입니다. 마케팅연구소 때 고교 후배가 연구소에 들어오겠다는 걸 거절했습니다. 뛰어난 직원이었습니다. 그러나 연구소에서 같이 일하는 순간부터 자칫 고교 선후배 사이라는 꼬리표가 붙어 다닐 수 있습니다. 성과대로 평가해도 다른 직원들이 믿지 않을 것입니다. 결국 다른 부서를 추천하는 것으로 마무리했습니다.

공정한 평가를 위해

평가의 공정성을 높이려면 우선 경영자의 공정한 평가 의지가 있어야 합니다. 아무리 좋은 제도나 견제 시스템을 만들어도 경영자의 공정한 평가 의지가 없으면 무용지물입니다. 경영자가 공평무사의 인사원칙을 고수하면 제도가 미흡해도 평가의 공정성을 유지할 수 있습니다.

둘째는 상사의 평가권한을 축소해야 합니다. 직속 상사의 절대적 평가권을 축소해야 합니다. 지나치게 상사 1인에게 의존하고 있는 방식을 변경해야 합니다. 대안으로 평가위원회를 두는 것도 방법이 될 수 있습니다. 직속상사가 1차 평가를 하되, 동료직원, 부하직원, 상사로 구성된 평가위원회에서 평가의 합을 통해 조정할 수 있다면 상사의 독선적 평가는 어느 정도 막을 수 있을 것입니다. 저는 조정위원회를 운영했습니다. 자신의 평가에 이의가 있거나, 직급별 평가를 조정할 경우 저 혼자 하지 않았습니다. 조정위원회에서 위원들의 의견을 종합하여 결정했습니다. 조정 결과에 대해 백 퍼센트 만족하는 직원은 없겠지만 불공정한 평가라며 문제를 제기하는 직원도 없었습니다.

셋째, 감으로 평가하지 말고 가급적이면 데이터에 근거해야 합니다. 성과는 데이터로 만들 수 있으나 역량이나 기타 조직에 대한 열성, 헌신성, 희생정신 등은 데이터로 평가할 수 없습니다. 그럴 때는 평소에 관찰한 내용들을 기록하고 동료 및 부하직원들의 다양한 의견을 들어야 합니다. 과평가, 저평가, 왜곡된 평가를 줄일 수 있습니다. 저는 평소에 직원 개인별 평가기록표를 만들어 관리했습니다. 그때그때 기록을 해두면 평가 시 아주 귀중한 자료가 됩니다.

공정한 평가 여부는 조직 활성화의 전제조건이기도 하지만 조직 붕괴의 단초이기도 합니다. 평가에 우는 직원이 없도록 하고 적재적소에 인재를 배치함은 경영자의 몫입니다.

‖ 에필로그 사람을 죽이는 기업, 사람이 살리는 기업의 기로에서

생각과의 싸움, 글과의 갈등이 끝났습니다. 사람중심 경영이 무엇인지, 일반 경영과는 무엇이 다른지, 경영의 중심에 사람을 어떻게 세울 것인지, 여러 경영 행위에서 어떻게 사람중심 경영을 할 것인지, 사람중심 기업 조직은 어떻게 활성화되는지 등 사람중심 경영에 대한 지평을 넓혀봤습니다. 그러나 필자의 한계로 더 심도 있는 내용과 사례를 풀어내지 못했습니다. 남은 과제이자 앞으로 연구해야 할 몫으로 남겨놓으려 합니다.

경영의 중심에 사람을 세우는 일은 이제 더 이상 미룰 수 없습니다. 세계 수출시장 구조의 변화와 경쟁력 약화가 불러온 장기적인 불황의 늪은 더욱 깊어만 갑니다. 과거 금융위기나 경기순환기 상의 불경기와는 성격이 다릅니다. 회복할 것이라는 희망도 기대도 할 수 없습니다. 각 기업들이 혼신의 힘을 다해 이 불황을 극복하고 지속성장 할 수 있는 경쟁력을 확보해야 합니다. 경기불황기에 무한정 자본을 빌릴 수도 없습니다. 획기적인 고객가치 창출도 여의치 않습니다. 이제 의지할 곳은 바로 사람뿐입니다. 과거 산업시대에 가변적인 저임금, 장시간 노동에 의존했다면, 이제는 사람의 잠재적 역량과 헌신에 의존해야 합니다. 경영자가 경영의 모든 과정과 행위에서 사람을 중심에 세워야만 합니다.

그러나 대부분의 경영자는 경영의 뉴 패러다임인 사람중심 경영에 쉽게 다가가지 못하고 있습니다. 어쩌면 사람중심 경영이라는 경영철학이 있는지조차 모를 수 있습니다. 부도 막으랴, 시장 개척하랴, 신상품 개발하랴, 마케팅 하랴, 영업하랴, 관계자들 만나랴 그야말로 경영자는 신이 아니면 할 수 없는 많은 생각과 고민으로 24시간을 보내고 있습니다. 다른 곳에 눈을 돌릴만한 여력이 없습니다. 설령 알고 있다고 해도 기존의 경영철학을 쉽게 바꾸기 어렵습니다. 독단적이고 강압적인 경영자였다면 더욱 그렇습니다. 사람중심 경영은 독단이나 강압,

독선과는 전혀 다른 경영철학이기 때문입니다. 긴 시간 딱딱하게 굳어버린 자신의 경영방식을 하루아침에 바꿀 수는 없을 것입니다. 사람을 존중하고 사람의 잠재적 역량을 발휘할 수 있는 문화와 환경을 갖추기 위해서는 경영자의 결단과 의지가 필요합니다. 직원들을 믿어야 합니다. 과거를 비워야 합니다. 경영자가 사람중심 경영으로 바꾸지 않는 이유는 뉴 패러다임에 대한 불확실성과 불신 때문일 수도 있습니다. 경영효율성과 효과성을 위해서는 직원들을 다그치고 통제하고 감시해야 한다고 생각할 수 있습니다. 사람중심 경영을 했다가 기대했던 성과는 내지 못하고 조직이 더 혼란해지고 재무적 위험에 빠지는 건 아닌지 의문을 가질 수 있습니다.

그러나 우리 기업들은 헤어나기 어려운 단단한 벽에 둘러싸여 있습니다. 과거와 같이 직원 감원하고 임금 깎아서는 현 경영위기를 극복할 수 없습니다. 사람이 경쟁력인 시대입니다. 직원을 믿어야 합니다. 경영자 혼자 똑똑하고 직원들 몰아붙이는 강압적인 과거의 경영방식은 쓰레기통에 처넣어야 합니다. 과거의 경영방식이 벽에 부딪혀 한발자국도 나가지 못하는데 또 다시 과거에 발목 잡혀 있을 수는 없습니다.

중국 정저우케이블은 사람중심 경영으로 바꾼 지 1년 만에 매출이 3배로 뛰었습니다. 백산주유소는 매출이 2배로 뛰었습니다. 모두 경영위기를 맞아 고심했고, 벗어나기 위해 사람을 존중하고 재미와 즐거움이 있는 사람중심 경영으로 바꾸었습니다. 그 결과는 성과가 말해줍니다.

물론 경영철학을 바꾸는 게 손바닥 뒤집듯 쉬운 일은 아닙니다. 더구나 경영위기를 극복하고 차별적인 경쟁력을 확보하여 지속성장이 가능한 기업으로 바꾸는 것인 만큼 사전 준비와 확고한 의지가 있어야 합니다. 어떤 경영철학을 구현할 것인가는 경영자의 선택입니다. 그러나 경영자가 어떤 철학을 갖느냐에 따라 사람을 죽이는 기업이 될 수도 있고, 사람이 살리는 기업이 될 수도 있습니다.

왜, 사람중심 경영인가

발행일 | 2016년 1월 25일, 초판, 1쇄 발행

글쓴이 | 전병선
표지디자인 | 파피루스
편　집 | 플랜디자인
펴낸이 | 최진섭
펴낸곳 | 도서출판 말

주소 | 서울 마포구 토정로 222 한국출판협동조합 A동 208-2
전화 | 070-7165-7510
전자우편 | dreamstarjs@gmail.com

신고번호 | 제2013-000403호
ISBN | 979-11-951906-9-0